CŒUR D'EAU

WILLIAM
AFFOYON – GOETZ

CŒUR D'EAU

LA PAIX, LES HUMAINS
ET L'ENVIRONNEMENT

Chapitre 1 : la genèse

Entrez en contact avec l'auteur à :

www.coeurdeau.com

Affoyon – Goetz William: environnementaliste

6 avenue de la république;

37170; Chambray les Tours ; France.

williamaffoyongoetz@yahoo.fr

g.s.m : 06 41 36 34 78

ISBN : 978-2-9555494-1-4

William Affoyon Goetz né en 1977 est environnementaliste de profession. Spécialisé notamment dans le domaine des eaux et forêts, il est chargé de formations indépendant en environnement général auprès d'étudiants ; professionnels… D'origines métissées (France et Afrique), son engagement citoyen a toujours été orienté vers la protection de l'enfance et des personnes « faibles ».

Militant « radical » il y a plusieurs années dans des courants politiques totalement opposés (écologie; afro centrisme…), il « expérimente » la violence verbale que génère ce « combat » (utile ?) même à sa modeste échelle. Une lutte qui, menée publiquement dans les schémas classiques d'opposition des personnes **amène à la colère ; la peur et pire, la haine**. Affaibli moralement par des problèmes familiaux ; des problèmes juridiques, et par le constat d'injustices en tout genre, il décide de revenir progressivement à ses amours premiers, et de développer une façon poétique de compréhension de lui-même et du monde qui l'entoure. Sa fougue et sa franchise finalement canalisées, il livre ici un premier ouvrage plein de beautés sur le lien profond et sensible qui unit l'humain à son environnement. Le fil conducteur étant l'unification du vivant dans toutes ses composantes. Poésie ; observation subtile et initiation à la vie constituent la toile de fond de ce livre singulier empli d'émotions et d'honnêteté… **Le cœur et l'eau donc, plutôt que le fer et le feu…**

SOMMAIRE

PREFACE

L'imagination s'arrête peut être ici : à la frontière du vivant et de notre capacité à comprendre ; décoder ; ressentir cet environnement qui nous alimente et qui nous fait grandir. Cet environnement avec lequel nous avons une relation si profonde ; si fine ; si subtile et malgré cela si **chaotique**, si **conflictuelle**. Cette enveloppe si douce et si charnelle constituée d'eau ; d'air ; de lumière et de roche constituant notre lieu de vie, n'a semble-t-il « jamais » autant été soumise à rude épreuve. Ne faudrait-il pas à ce titre, changer de méthode de gestion pour pérenniser la formidable aventure humaine sur la planète à très long terme ? Ne faudrait-il pas poser les bases d'un nouvel élan philanthrope et « envirotrope » pour limiter voire supprimer les nuisances portées à cette matrice nourricière ?

Ne faudrait-il pas créer une nouvelle politique environnementale et humaine basée sur une vraie économie du nombre (dont j'explique les contours dans cet ouvrage) en modérant notre tendance énergivore « illimitée » ? Ceci au point, en 2015 d'alimenter tous les débats internationaux qui de près ou de loin, nous ramènent systématiquement à la question de la durabilité et de la légitimité de nos systèmes gouvernementaux (citoyens inclus).

Si la vie est un parcours semé d'embûches comme disent certains, elle n'en n'est pas moins une formidable quête de notre espèce vers la compréhension de son **environnement intérieur et extérieur**, car les deux sont liés. Nos corps physiques sont totalement dépendants de l'atmosphère ; de l'eau ; du sol ; des végétaux. Ainsi, essayer de croire le contraire est une « folle » posture qui nous renvoie de manière fréquente au début de l'histoire : sommes-nous assez fous ou assez puissants pour croire réellement à notre infini pouvoir, tant l'actualité des faits divers environnementaux dont nous sommes souvent à l'origine nous rappelle à notre propre nature ?

Êtres de chair et de sang « rouge », (comme la plupart de nos amis animaux…) les membres de la grande communauté humaine se départissent trop souvent de leurs obligations minimales envers eux-mêmes et envers leur **grande matière première : la terre**. **Cette terre pourvoyeuse de tant de joyaux** nourrissants, qu'à force d'évoluer et d'aller de révolution technologique en révolution technologique nous en avons oublié que rien de ce que nous possédons de près ou de loin ne nous appartient en propre.

Tout élément, papier ; métal ; fibre ; verre ; résine est issu à l'origine d'une plante ; d'une levure ; d'un ensemble de bactéries ; d'un champignon ; d'un animal ou d'une « quelconque » autre forme de vie biologique ou minérale. Ceci étant également valable pour les monnaies que nous utilisons, il faut en conséquence relativiser l'importance « civilisatrice » de nos sociétés capables de créer beaucoup de division, mais peu propices à créer de l'harmonie et du respect entre ses fils et filles.

Le discours de bon nombre d'hommes et de femmes politiques se base d'ailleurs sur cette capacité faible à rassembler plutôt qu'à opposer. Mais opposer qui ? Des êtres qui, paradoxalement disposent tous d'un cerveau chef d'œuvre neurologique ayant accès aux plus beaux des rêves ; de deux jambes faîtes pour bondir de collines en collines verdoyantes (vive le Puy de Dôme…) ; de deux mains pour caresser leurs semblables dans un doux respect vivifiant, ou encore d'une bouche capable d'aimer plutôt qu'haïr ? Tout cela est étrange et semble ridicule dans le même temps. C'est du moins le ressenti que j'ai souvent. Dans la même idée, les actes souvent « maladroits » de la sphère politique ne sont-ils pas dans une certaine mesure, le reflet du manque de connaissances culturelles et spirituelles de peuples égarés temporairement dans la routine de la course monétaire ?

Exposer ces écrits ç'est partager d'une part l'envie d'une vie saine (celle que j'essaie de transmettre à ma fille et à ceux que j'aime) et d'autre part livrer quelques bribes de mon parcours émotionnel à travers mes amours premiers. Ceux qui allaient me mener plus tard au métier que j'exerce aujourd'hui. En définitive, les peines ; les joies mais aussi les échecs et succès familiaux ; les temps professionnels ont façonné l'être que je suis, renforcé par quelques difficiles examens de parcours.

Nous voulons dans cet ouvrage que la question environnementale ne soit pas seulement envisagée du point de vue technique mais également du point de vue social ; sentimental ; spirituel et initiatique. La vie nous emmène qu'on le veuille ou non vers des contrées splendides et magiques pour qui fait cet effort de questionnement par rapport à ce qui l'entoure. Nous devrions peut être cesser d'utiliser la rancœur et le goût de la vengeance pour asseoir un pouvoir violent sur l'autre, sur le vivant.

Ce livre, synthèse partielle de constats collectifs pour améliorer notre sort environnemental, s'inscrit surtout dans une quête vitale pour vivre mieux avec nos semblables. Cet ouvrage ouvre les portes d'un monde terrestre sensible, ou l'intuition et l'observation scientifique réunies permettent de réfléchir sans à priori et de manière subtile, dans le partage. Cette vision entrouvre les portes d'un autre univers de connaissances empreint de mystères ; d'histoire et de magie (blanche). Ce nouvel usage de nos yeux nous permet d'apercevoir le meilleur pour nous et nos enfants, demain, ici, maintenant.

« Les cœurs d'eau »

INTRODUCTION

Ce témoignage que j'espère vibrant; beau et sincère, est le prélude, le commencement d'une longue série d'ouvrages relative notamment aux sciences de l'environnement. Ceux qui me connaissent savent que j'accorde une importance certaine aux questions d'ordre « métaphysique » car rappelons-nous que notre temps de vie est compté sur cette belle planète, n'est-ce pas ? En conséquence, les questionnements techniques rejoignent légitimement de plus en plus les questions d'ordre spirituel. Beaucoup de collègues scientifiques me rejoignent sur ce point, y compris dans les domaines les plus poussés (astrophysique ; ingénierie générale…).

L'intérêt est ici de permettre, je le souhaite, d'amener de nombreuses réflexions sur ce qui est fondamental à mes yeux : la cohérence de l'action humaine et politique en matière d'environnement. Une politique incarnant la sensibilité et la pureté pour pouvoir intégrer les aspirations de chaque être vivant. Pas une politique de « partis ». Je dis qu'une nation qui n'est pas en mesure de gérer durablement ses ressources naturelles est de fait une nation qui court à sa perte sur le long terme voire le court terme.

Vous trouverez dans ce livre « clé », les « synthèses » essentielles pour comprendre comment aborder la question environnementale et en résoudre possiblement les sujets les plus épineux. Le constat dressé est délivré comme un « dessin », une aquarelle emplie de poésie et de sentiments. Ç'est un roman technique issu de mes rêves. Une parcelle de ce que mes yeux ont vu pendant 38 ans. Ce programme implique bien sûr de se remettre en cause en arrêtant de se porter la faute les uns aux autres.

Nous sommes tous acteurs de notre vie et ce, quelle que soit notre origine ; notre catégorie socio-professionnelle ; notre spiritualité ou notre athéisme. Car dans ce livre, et au gré de ces quelques paragraphes, je veux faire comprendre qu'il est impossible d'aborder une question relative à la gestion des affaires sociales et environnementales sans faire référence au comportement humain. Comprenons le bien.

Dans ce cadre, l'environnement comme la question sociale ; financière est lié à l'histoire des règles de vie que nous pouvons tisser les uns avec les autres. Il ne s'agit pas à proprement parler d'une thématique exclusivement technique. Si le monde est dirigé demain par des poètes, des humains de cœur, alors il n'aura plus jamais le goût du sang et de la souffrance. **Alors les questions de dépollution des eaux ; traitement de nos déchets ; gestion de la faune et la flore trouveront naturellement des solutions simples, même si elles sont et seront longues à mettre en place.**

CHAPITRE 1 : LE BERRY ET L'AFRIQUE REVEE...

La culture rurale ; les eaux et forêts

Choyé par les forêts de Saint Sulpice ; Bercé ou encore Chinon. Dorloté par les innombrables sous-bois berrichons, la paille fraîchement coupée et embaumée par l'odeur suave des champignons récoltés (girolles ; cèpes…). Les espaces agricoles et forestiers, les eaux et les sols constituent une base forte de mon identité et de mon caractère. Ceci tend peut être à expliquer ma nature « brute » (mais jamais brutale…) et franche, (comme la terre) ayant été éduqué avec les bases essentielles de la culture rurale française à l'aube des années 80.

Les très nombreux allers et retours effectués avec ma mère depuis la région tourangelle à la région berrichonne, ont à ce titre façonné l'homme que je suis avec ses réflexes, ses défauts et ses qualités. Ma tête ainsi emplie d'images d'allées boisées « mousseuses » et silencieuses ; de crucifix en bord de carrefours de petites routes communales ou départementales et d'animaux splendides, je crois savoir qui je suis et donc ou je vais. Avide d'espaces vierges comme d'espaces urbains riches en patrimoines qui ne renient pas leur origine paysanne, (la belle ville de Poitiers non loin de la non moins belle commune de Le Blanc) je suis un adepte des veillées familiales d'été à l'ombre des tilleuls tendant la main remplie de grains à nos charmantes et splendides tourterelles abonnées aux lieux.

C'est ce méli-mélo d'odeurs et de saveurs dans la beauté de nos campagnes qui forment la fondation de ce que je suis aujourd'hui. La différence entre 2015 et 2005 réside en ma capacité plus grande d'adaptation aux différents environnements que je rencontre. En des termes plus simples ; je pense avoir gagné en **sagesse** et être beaucoup plus apte à canaliser mon énergie et ma fougue. Car lorsqu'elles ne sont pas maîtrisées, elles peuvent aboutir à de vraies catastrophes émotionnelles. Pire à de la colère ; de la haine et donc chemin faisant à de la souffrance.

Certains pourraient croire que cela n'a rien à voir avec la gestion de l'environnement mais en réalité notre parcours ; nos émotions ; notre culture donc **notre rapport au monde** « fabriquent » l'environnement qui nous entoure en y projetant des représentations. D'ailleurs, si la question environnementale doit « rassembler » tout le monde, cela semble signifier qu'il y a jusqu'à maintenant des politiques publiques différentes fruits de représentations différentes.

Néanmoins, pour avoir passé de longues heures à observer les cormorans prendre des bains de soleil ou les chats ronronner au calme dans les cours des maisons de campagne, je suis intimement convaincu qu'il faut que le temps paisible de la culture naturelle et rurale redevienne la référence des politiques publiques.

De Châteauroux à Cotonou : un intense questionnement

Mes racines culturelles sont mixtes ; métissées. Je ne l'ai pas choisi. C'est utile de le rappeler à une époque où certains sont encore dans la croyance fausse de l'existence de « races ». Je pense, avec le recul contemplatif dont je dispose aujourd'hui, que mes origines constituent un véritable cadeau. La première partie de mon enfance s'est en effet déroulée dans les plaines tourangelles au sein de cette petite ville de province qu'est Tours et au contact des étangs de Brenne ; du Boischaut berrichon et de la capitale castelroussine Châteauroux.

Cet ancrage m'a donné très tôt le goût de la marche ; le sens aigu de l'observation (d'où ma très bonne vision peut être ?) et un contact rapproché avec les métiers traditionnels tels que la foresterie ; l'agriculture ou encore des métiers jadis communs et aujourd'hui disparus ou en désuétude (bourrellerie…). Quel rapport avec l'environnement me direz-vous ? **Tout** : le mode de vie ; la matière brute travaillée et transformée.

L'objectif de **préserver l'équilibre naturel tout en améliorant dans une certaine mesure nos conditions matérielles de vie**. A ce titre, remémorons nous que tous nos biens utilisés quotidiennement proviennent de matières premières extraites puis façonnées et « finies ». Ceci est également valable pour la monnaie papier et « métal » qui circule dans nos poches à longueur de journée. Cela doit constituer la base des actes que nous posons afin de nous souvenir d'où nous venons réellement : d'une terre érigée par des pionniers en quête d'harmonie et de justice. La conquête du monde terrestre ne doit pas s'inscrire dans une logique de guerre ou de violence. **Le matérialisme ne constituant pas à cet égard l'idéal d'une société civilisée**. Je pense à ce titre que cette idéologie a eu un impact très fort sur notre environnement, nous faisant oublier que nous ne sommes que de **passage**. De Châteauroux à Cotonou en passant par Tours, mon parcours a donc révélé au fil du temps les belles et dures réalités inhérentes à la nature humaine qui, comble de l'ironie, se révèlent en 2015 au travers d'évènements sordides (attentats ; conflits sociaux ; ruptures de grands barrages ; difficultés économiques…).

Des villes françaises bien agencées, bien assainies (globalement) aux mégalopoles africaines transpirant les contrastes sociaux nauséabonds, il fallait que je me confronte à **cette autre réalité de mon identité** pour nourrir en moi le bouillonnement d'une intense réflexion sur les civilisations et la manière dont elles gèrent à la fois l'environnement humain et « écologique ».

Pour paraphraser sans le citer un artiste de la scène « rap » française des années 90, je dirai que j'étais à cette époque (1998 ; je suis né en 1977) coincé les « fesses » entre deux chaises seul face à mon égo. Pire, mes parents n'avaient pas les réponses à mes questions profondes et toujours renouvelées. Ma nature est, il est vrai, à la base celle d'un gamin toujours en éveil et émerveillé par le monde qui l'entoure.

Pourquoi ceci ? Pourquoi cela ? Tant de questions que j'ai eu à poser que je suis conscient d'avoir eu une capacité parfois négative (rien de méchant néanmoins) à irriter mes proches. Ainsi, mon passage éclair en Afrique en 1995 a exacerbé cette envie de rendre aux « pauvres » ce qui leur revenait de droit d'une part, et de nettoyer les détritus qui jonchaient les rues de Cotonou d'autre part. La vue de ces conditions dégradées de vie ; la vue des conditions environnementales effroyables de certains quartiers de cette grande ville africaine ; les adductions d'eau potable aléatoires ; les coupures de courant électrique ; une collecte des ordures ménagères quasi-inexistante, me renvoyaient sans le savoir au **Paris d'avant Haussmann et Eugène Poubelle**. Ceci à l'époque, commençait à exacerber ma colère contre un ennemi invisible…

L'expérience de vie ou comment s'initier

Cette étape est cruciale à décrire pour moi car elle correspond à la **notion d'évolution ; de croissance**. Certains emploieraient le terme **d'éducation** ou **d'initiation**. Le nombre grandissant de questions que je me posais sur le monde qui m'entourait étant jeune adulte, ne pouvant que submerger les « modestes » épaules de mes chers parents, je senti assez tôt le besoin de questionner, demander voire chahuter ceux qui ne pouvaient y répondre.

Puis vint l'envie de tout « savoir », de dévorer tous les rayons de bibliothèques aussi bien dans le domaine technique que dans le domaine social ou historique. Cette phase de mon existence m'a conduit inéluctablement à m'impliquer dans le militantisme politique avec une fougue qui de gré ou de force me conduit à une sorte de non-sens existentiel et à un **sentiment de frustration puissant**. En bref, le sentiment de vouloir changer le monde sans y arriver. La rage dans le cœur ; dans le ventre ; dans les tripes…

En y repensant, ma « lutte » a toujours eu pour toile de fond l'environnement et l'amélioration de la qualité de vie de mes proches ou de personnes qui me semblaient mériter une aide immédiate. Je suis en effet pour ceux qui me connaissent sur un plan plus personnel d'une nature généreuse. Je suis aussi très respectueux de mon environnement animal ; végétal voire minéral. Je vais prendre le temps d'évacuer un précieux insecte dehors même si sa vue peut raviver des phobies profondes ou des peurs cachées. **Si cet animal existe, n'a-t-il pas une utilité certaine ? Une utilité pour lui-même d'abord et pour son environnement ensuite ?**

Le lien à établir avec ma vie et la question environnementale est clair à ce moment : la peur n'évitant pas le danger, alors le danger et la peur sont logiquement nécessaires pour comprendre son fonctionnement propre et sortir de son œuf pour aller vers la lumière de la vie et vers **l'ordre naturel** des choses. Ne soyons pas arrogants et pensons que nous ne sommes qu'un maillon d'une chaîne gigantesque et infinie. Une arborescence de subtilités.

Du centre vers l'extérieur ; vers l'environnement.

Au travers de ces épreuves et de cette étape d'intense contestation de « l'ordre social », politique et institutionnel, j'en vins par l'expérience à comprendre grâce à une intuition forte que l'on ne peut se sentir bien avec autrui, ces « autres » et l'environnement qui nous entourent (dans toutes leurs composantes) si l'on ne se sent déjà bien en soi et pour soi-même. Rien d'égoïste ici puisque cette démarche psychologique voire spirituelle est idéalement la première pierre à poser avant de bâtir l'édifice de son propre « individu » ; de son propre être. Si l'on n'a pu recevoir totalement cet enseignement par ses propres parents (sans remettre en cause leur légitimité) ou par un groupe d'anciens alors nous serons quelque part contraints d'aller « au charbon ». C'est-à-dire d'aller chercher des réponses à l'extérieur.

Simple image pour vouloir dire qu'il faut alors se jeter dans le monde réel ; le toucher ; le palper ; commencer à en comprendre les contours pour ensuite en tirer un enseignement utile sans pour autant mettre sa vie en danger dans **les chimères de la nécessité d'un combat violent**. Changer notre monde immédiat passe par une complète « finition » de son individu physique et psychique. Tâche complexe.

Par ailleurs, la recherche généalogique et historique familiale m'a permis de comprendre que ma filiation tant du côté maternel que paternel m'obligeait à « servir » pour le bien être de mes proches comme pour celui de toute personne nécessitant soin et écoute. Cette approche rejoint pour beaucoup les principes de vie traditionnels du royaume Yoruba issu du grand Nigeria médiéval (prononcez YOROUBA) et également des sociétés traditionnelles françaises et berrichonnes entre autres.

C'est à ce moment que j'ai compris la puissance de la bonté et de l'élévation spirituelle sur les forces de la violence et de la colère strictement matérielles qui ne seront jamais suffisantes pour améliorer le sort de nos enfants et de l'environnement. Car tout est lié en dépit des apparences.

CHAPITRE 2 : L'INTUITION ET L'ENVIRONNEMENT

Il me semble très important d'exposer les méthodes de travail qui guident ma réflexion et mes écrits. La compréhension d'une œuvre passe en effet par la compréhension des trames qui ont conduit à sa création. **L'état d'esprit** d'un individu constitue une sorte de **fondation** ou de **charpente** intellectuelle qui élève ses actions. J'ai en ce sens, tendance à rassembler deux démarches de questionnement. La première étape constitue la mise en œuvre de la notion d'intuition.

L'intuition peut être définie étymologiquement comme une connaissance innée ou l'impression de connaissance d'une vérité venant de l'intérieur de votre être. Elle peut, précisons-le, aboutir à la connaissance d'une vérité « établie » ou concourir à établir une vérité qui pourra être complétée par une approche d'étude « matérialiste » ou rationnelle. Vous me suivez ?

Je n'irai pas trop loin mais ce concept nous renvoie vous l'aurez compris, à pouvoir définir ce qu'est **LA** vérité et comment éventuellement s'en approcher. Cette intuition procède à priori d'un mouvement centrifuge allant de l'intérieur vers l'extérieur. Pour faire simple, l'intuition vous permet d'accéder à un état de connaissance sans « connaître » d'un point de vue technique le phénomène que vous percevez.

En guise d'exemple « environnemental », je pourrai citer cette culpabilité que je ressens par rapport au mal que je peux commettre vis-à-vis des formes de vie non humaines (autrement dit animales voire végétales).

Cette intuition me dit que notre prise en compte du vivant sous toutes ses formes ; du **dinoflagellé (micro-organisme)** au plus gros des mammifères, est trop souvent irrespectueuse voire destructrice. Ici, l'intuition agit dans deux directions essentielles. D'une part vers la canalisation de mes émotions, de mon ressenti en tant qu'être humain, et d'autre part vers l'approche non matérielle de la connaissance d'une vérité. Notons que depuis la « révolution » scientifique dite des « Lumières », l'approche de « la » vérité du monde physique qui nous entoure est systématiquement abordée sous l'angle de la rationalité « technique ».

Il y a, il est vrai, depuis la « vague » des connaissances scientistes (le scientisme est un mouvement d'idées techniques né fin 19ème siècle) **peu de place pour le raisonnement « intuitif »**. Nos diplômes scientifiques servant trop souvent de paravent à un manque de volonté réelle d'étudier tous les paramètres d'une problématique et non uniquement ceux qui nous intéressent. Car le but de mon œuvre comme idéalement de tout produit de l'intelligence humaine n'est-il pas de s'approcher de la **vraie nature de l'univers** et donc de tendre vers la **vérité intrinsèque des choses** ?

L'étude de l'environnement appelée science environnementale ou environnementalisme, est donc selon moi une somme de connaissances au carrefour de disciplines multiples telles que : la sociologie ; l'histoire des civilisations ; la linguistique ; la géologie ; la botanique ; les mathématiques… Pour faire court, il s'agit en tant que professionnel d'établir un diagnostic aussi précis que possible d'une pratique (gestion forestière par exemple) et d'en solutionner les problématiques dans un but d'amélioration pour **l'intérêt général**.

Voilà ici une toute autre définition des sciences de l'environnement qui, au lieu de se cantonner uniquement à l'analyse des sols, des molécules et gaz, englobent la totalité de l'étude de l'espace vécu par les hommes, les femmes et le vivant de manière générale.

En effet, le point d'orgue du raisonnement et par conséquent de toute démarche de gestion territoriale, (politique ; environnement…) n'est-il pas de **servir l'intérêt global de l'humanité et d'aider son prochain** ? Il me semble que oui. Car les excès de l'égoïsme humain trop souvent démontrés (je vous épargnerai ici l'actualité des faits divers) n'aboutissent souvent qu'au culte douteux et dangereux de **l'égo**. Il y a une marge entre s'aimer en tant qu'individu (notion importante d'estime de soi) et trop s'aimer voire se surestimer (apparaît alors **l'orgueil** et la **vanité**).

L'utilisation de l'intuition en sciences environnementales permet donc de « sentir » dans quelle direction d'études aller, (gérer et préserver l'environnement à très long terme) et assure dans le cas présent une forme de **filet de sécurité éthique et moral** pour ne pas se laisser trop guider par l'omniprésence des « sciences et techniques ». Néanmoins, qu'on ne me fasse pas dire ce que je n'ai pas dit.

Je ne veux pas être assimilé à un doux rêveur qui ne verrait le monde qu'à travers des « lunettes » utopiques ou idéalistes voire religieuses (comme certains aiment à le dire dans les débats publics). Je veux simplement ici redonner à l'intuition la place grande qui est la sienne dans les décisions politiques et sociales, (donc environnementales) dans un monde ou le matérialisme est devenu comme une sorte d'**ersatz** (**élément de remplacement**) de spiritualité. Pour illustrer mon propos et pour le compléter, je dirai que la marche en forêt sur ces sols si spongieux nous amène intuitivement par une observation rapide à imaginer une vie foisonnante à l'intérieur.

Bien sûr, l'analyse technique des sols appelée pédologie permet à la suite de l'intuition de confirmer notre première émotion ou déduction. Par conséquent, l'étude technique confirmant notre intuition, nous amène à la même conclusion d'ensemble : préserver pour mieux gérer sur le long terme. Et laisser faire sans autre artifice quand cela est possible.

Cet état d'esprit mérite d'être rappelé. Car les sphères politiques ; privées et même « intimes » ont tendance à s'autocensurer trop fréquemment en matière de spontanéité, préférant souvent obéir aux **obligations hiérarchiques** ou **de convention**. Par ces quelques phrases, vous commencez probablement à mieux cerner ma méthode de travail que je rappelle régulièrement à mes étudiants du CP au master 2 en passant par des professionnels ou des propriétaires privés.

Parler d'environnement, peut paraître redondant voire un peu lourd à l'heure du « développement durable » que tout le monde semble vouloir adopter, et avec toutes les limites que l'on pourra évoquer au gré de ces pages. L'utilité d'une telle démarche me semble néanmoins primordiale tant dans la totalité de nos actions qui sont (qu'on le veuille ou non) dépendantes de tous les compartiments naturels qui composent le vivant, (matières premières ; énergie nécessaire à toutes les productions de biens matériels...) que dans le traitement des questions de nature politique et sociale.

A ce titre, un changement social de perception de la notion d'environnement et des méthodes de gestion doit voir le jour. Dans les faits, on doit être capable d'activer nos ressources psychiques et donc spirituelles à un niveau supérieur à celui que nous sommes habitués à utiliser. Le scientifique que je suis et que vous êtes également, commence son travail (même à un niveau amateur) par l'observation simple des objets qui l'entourent. La vision et les « cinq » sens sont au cœur de la démarche. Courir ; nager ; manger ; voir ; regarder ; s'émouvoir ; se transporter ; sont autant de composantes d'un même ensemble que nous appelons **VIE**.

Nul n'y est insensible et nul ne peut s'y soustraire, ç'est un fait. Je souhaite, par le plaisir de redécouverte de nos sens physiques et psychologiques extraire à nouveau **le respect et l'émerveillement** qui sont dus à cette NATURE qui nous façonne sans cesse. Vous l'avez oubliée ? Je l'ai oubliée ?

Tous, nous avons plus ou moins enlevé de nos têtes les vieux réflexes de nos anciens qui, en se levant, allaient chercher l'eau au puit et regardaient leur environnement avec respect et une demande sans cesse renouvelée d'abondance. Face à ce constat, ç'est dans le vacarme d'un de ces matins de printemps ; d'hiver ou d'été ou tout le monde se rue au travail sans se retourner, que m'est venue cette envie de diffuser ce savoir de paix.

En un mot, faire plutôt que dire me parait être le prélude à de nouveaux comportements citoyens et respectueux. La route sera longue quoi qu'il en soit.

CHAPITRE 3 : L'EMERVEILLEMENT ET L'EXPERTISE

Si en gambadant fraîchement dans l'herbe coupée du matin ; les blés ou les sorghos vous ressentez un certain bonheur intérieur, une certaine joie, alors je pense que vous avez comme moi l'âme d'un environnementaliste. C'est à dire que vous avez d'une part le besoin de connaître un peu mieux ce sol, ces plantes et cet air qui vous nourrissent et d'autre part que vous vous sentez prêt à agir (même dans les grandes lignes) pour la pérennité de telles beautés. Car le but ici est bien d'apprendre une nouvelle façon de gérer les biens naturels qui nous entourent qui, selon ma modeste expérience me semble toujours inexistante malgré les effets d'annonces.

La beauté comme concept intemporel

La **beauté** doit s'inviter pour nous faire réfléchir à notre rôle dans la nature. Nous devons à ce titre l'accompagner comme elle nous soutient et nous supporte et non la **contester**. Voire la combattre de manière idéologique. Et dans cette idée, je ne peux commencer cette **initiation** (**connaître le début**) sans citer l'univers ; le soleil et l'organisation climatique globale. La dernière cartographie de la N.A.S.A montrant de manière dynamique **la circulation des courants océaniques**, suscite l'émoi et le respect de cette formidable machine cosmique qu'est NOTRE planète. L'émerveillement peut donc continuer en contemplant les **géodes** (**masses creuses emplies de cristaux**) par exemple. Chefs d'œuvre d'architecture géologique à échelle réduite de la complexité planétaire, entremêlant **calcédoine** et **quartz** (**variétés de silice**) ; l'expert géologue veut l'expliquer car il commence son étude par le « choc » de la beauté de l'objet et par son incapacité à comprendre.

En définitive, cet objet minéral est décrit comme le fruit de processus volcaniques et hydrologiques. L'eau pénétrant dans la géode en devenir par un réseau de micropores qui, sur des périodes pouvant dépasser le million d'années engendrera de magnifiques excroissances minérales à la manière de **stalactites** (**lamelles de calcaire**) « sphériques ». En tous les cas, sa beauté transcendante rassemble le commun des mortels sur la nécessité de protéger une telle splendeur.

Tous les compartiments de l'environnement procurent leurs lots d'étonnement et de questionnement. Nous pouvons continuer succinctement dans le monde minéral en citant ces tonnes et ces mètres de roches calcaires issus de la décomposition d'organismes de type **bivalves** (**mollusques**) ou **foraminifères** (**animaux marins microscopiques**) par millions. Que dis-je ? Par milliards. Ces « roches » issues de décompositions biologiques, ont formé ces extraordinaires paysages calcaires. Nos amis poitevins ; tourangeaux ou parisiens ne les connaissent que trop bien. Soyons humbles, car ces échelles de temps nous dépassent.

A notre époque très technologique, raisonne en même temps la redécouverte par les sociétés humaines de ce qui les entoure. Les drones ; caméras thermiques et autres mini-objectifs embarqués, finissent de nous convaincre par l'image du caractère surnaturel de notre habitat. **La beauté est donc selon moi ce qui doit unir tous nos efforts** dans le cadre privé comme dans le cadre de l'expertise publique au sens large.

Protéger le vivant ç'est se protéger soi-même. Les processus de façonnement de nos **paysages** sont tellement puissants et magnifiques qu'on ne saurait les négliger dans nos décisions d'aménagement. Amener de la poésie dans nos métiers et dans notre approche sociale des questions environnementales n'en sera que plus plaisant. **C'est aussi cette posture nouvelle qui nous permettra d'endiguer toutes formes de violence en société**. Car à quoi bon nous détruire et nous faire la guerre si l'on ne peut profiter de telles choses ?

L'expertise en environnement ç'est quoi réellement ?

Lors de mes passages en tant que chargé d'études et technicien au sein de cabinets d'ingénieurs conseils, (en région Rhône-Alpes et Centre val de Loire en France) j'ai pu me confronter d'une part à la notion de rentabilité en entreprise avec tout ce que cela comporte comme problèmes à surmonter, (gestion du stress ; organisation des équipes ; relations humaines...) et me rendre compte d'autre part que j'étais, plus qu'un simple technicien en environnement, **un être humain bien vivant** « doué » d'une sensibilité à fleur de peau.

J'avais besoin de beaucoup de reconnaissance par la prise en compte de mes idées et opinions propres. Des difficultés qui allaient progressivement me mettre dans un état de fatigue et d'agressivité si fort que mes visions de la vie ; du travail en équipe allaient fortement être ébranlées !

Etait-ce donc ça le métier de technicien ou d'ingénieur en environnement ? Se lever à 6 ou 7 heures pour avaler son café crème et ses tartines beurrées indigestes, et partir au « turbin » pressé d'enquiller contrat sur contrat de diagnostic ou de **maîtrise d'œuvre** (**coordination de la réalisation d'un ouvrage**) ? Etait-ce cela ma vie à long terme ? Assurer la partie technique du programme décidé à grands coups de polycopiés et termes hermétiques par les ingénieurs maison qui décident et décideront plus ou moins à huis clos avec le grand chef d'agence sans vous consulter ?

A la suite, émerge foule de doutes sur vos compétences et votre capacité à être un homme, (un vrai…) et l'envie qu'on le veuille ou non de remettre en cause la légitimité de ses supérieurs hiérarchiques directs qui, n'ont semble-t-il de supérieur que leurs diplômes arborés fièrement voire orgueilleusement comme un précieux sésame.

Nul dédain dans ces phrases envers mes ex collègues, mais cette boule au ventre et cette tachycardie inopinées du matin juste avant de garer mon cher véhicule motorisé sur le parking de l'agence n'engendraient que peu de motivation. **Ce constat ne s'adresse pas aux personnes compétentes qui essaient de pousser plus loin l'étendue de leur réflexion.**

Je parle ici d'une ambiance générale de travail qui reflète simplement le culte de la rentabilité qui nous fichera tous au placard (est-ce déjà fait ?). **Cela impacte gravement sur la qualité des relations humaines.** Sur la légitimité du

« boss » qui peut se laisser noyer s'il n'y prend garde. Il faut se respecter les uns les autres si l'on veut obtenir un travail efficace en particulier dans une équipe faîte au moins (logiquement) de deux individus.

Je me passionnais et me passionne pourtant toujours pour ces questions d'aménagements lourds et d'environnement que nous traitions en cabinet conseils mais regrettais amèrement le manque de profondeur ; d'analyse et d'humanisme entre les différentes parties prenantes. Je parle ici en particulier de la deuxième entité d'ingénieurs conseils pour laquelle j'ai travaillé de 2004 à 2006. Cabinet d'ingénieurs à vocation internationale agissant dans des domaines aussi variés que la maîtrise d'œuvre en assainissement urbain ; eau potable ; génie civil mais aussi audit qualité-sécurité-environnement ou encore la planification des structures de transport en France comme à l'étranger. Des responsabilités importantes donc…

Les notes de calculs défilant pour dimensionner tel ou tel collecteur d'assainissement, ou la gestion du matériel de mesures pour aller sur le terrain, cachaient trop souvent un **manque d'échange** et de communication crucial entre ingénieurs et techniciens pour partager une vision commune des missions qu'on nous confiait.

Au lieu de cela, un certain flou semblait planer quant à la nécessité sociale voire environnementale de certains projets (barrages; passes à poissons…). Nous étions tous censés être rompus au dogme de la **modélisation informatique ;** (sans vouloir ici la remettre en cause de manière systématique) au classement de dossier et des hommes sans appréhender notre environnement comme étant un « **produit culturel et civilisationnel** ».

Certains diront que cela n'a rien à voir avec l'ingénierie de l'environnement. Cette posture ne peut pas être plus fausse selon moi, car l'ingénierie de l'environnement peut se définir comme une œuvre de création du territoire ou l'on prend une matière brute (le sol ; le sous-sol ; les végétaux...) pour la transformer et ainsi œuvrer à l'amélioration graduelle de la qualité de vie des citoyens. **Les formes du projet environnemental prennent donc racines dans l'inconscient ou le conscient ; (deux notions qui se rejoignent) les données culturelles et sociales voire spirituelles des peuples.** L'ingénierie de l'environnement ne pourra jamais se résoudre à une somme de procédés industriels ou d'équations du second degré pour guider l'aménagement d'un territoire.

L'expert ; le technicien ou l'ingénieur n'étant que des relais de l'expression de cette identité territoriale. Mes amis paysagistes ne savent que trop bien qu'à un projet initial correspondra plusieurs copies différentes issues de maîtres d'œuvre différents. Ç'est d'ailleurs cette singularité de l'identité de chacun ou de chaque groupe que l'on met à l'épreuve lors des fameux t.f.e (travaux de fin d'étude) à l'université ou en école spécialisée. **L'environnement est à cette image : des myriades d'êtres singuliers dans un espace commun. Des particularismes à perte de vue dans une communauté d'ensemble. Tous inter reliés.**

Malheureusement, quand l'aspect financier devient l'unique motivation de compagnies privées, nous nous aventurons là, bien loin du carnet poétique de croquis de mon grand-père maternel que j'ai toujours considéré comme le « premier » environnementaliste de ma vie. **Il dessinait et peignait la Brenne berrichonne ; terre de couleurs ; de contrastes ; de lumières et d'animaux sauvages.** Je dessine à mon tour des croquis sur papier épais ou dans ma tête, des schémas de possibilités de valorisation du territoire sans négliger l'histoire et le patrimoine.

Je reste ainsi convaincu qu'une politique environnementale et donc une expertise, passent par une analyse approfondie de l'histoire du site d'étude d'une part, et par une communication importante et donc un partage approfondis entre le « missionné » et la population d'autre part.

Ç'est en somme une capacité à relier toutes les composantes territoriales entre elles pour en faire ressortir le meilleur. Il ne s'agit plus d'asséner à l'auditoire des formules préétablies pour mieux « s'isoler » du groupe et ainsi se prouver sa supériorité intellectuelle. L'autosatisfaction n'est pas le but. Bien au contraire, il faut arriver à fédérer par une vision juste et légitime ses semblables pour un projet fiable et respectueux du patrimoine et des personnes. L'expert en environnement est donc avant tout une femme ; un homme fruit du temps qui doit mettre ses compétences au service de la collectivité en poussant la réflexion au maximum et sans à priori.

Une nouvelle humanité sensible ?

Formée à la compétition ; l'humanité court après des monnaies. Cette dynamique semble nous aveugler et nous empêcher d'élargir notre champ de compréhension de l'environnement qui nous entoure. Cet ouvrage ne fait qu'effleurer la surface de la matière imposante nécessaire pour améliorer notre expertise de l'environnement. Je vous donne ici des outils essentiels dans les différents compartiments de ces sciences, tout en plaçant le **raisonnement** et la **sensibilité** au sommet de la démarche.

D'ailleurs, si l'être vivant peut être défini comme un être physiologiquement sensible, n'est-il pas de même pour les animaux ; les plantes et ce à différents niveaux ? En effet, la sensibilité est définie **légalement** comme une capacité à réagir à une modification du milieu extérieur (température ; nature du sol ; humidité…). Si je vous touche ou vous bouscule, vous sentirez ce stimulus et vous aurez forcément une réaction.

Cette réaction pourra être passive (acquiescement) ou active (auto – défense ou réaction identique en retour). En tous les cas, aucun être vivant ne saurait être insensible à l'environnement qui l'entoure. Les méthodes d'études en **écotoxicologie environnementale** utilisent des dosages de substances diverses (métaux lourds ; matières organiques…) mises au contact d'organismes vivants.

Les principes retenus ici se classent dans les essais de toxicité ; de mortalité ou encore d'inhibition de la croissance. Aussi discutables que soient ces méthodes, elles se basent sur la réaction du monde vivant à des « attaques » polluantes. Des attaques d'éléments **exogènes** (**extérieurs**). Cette sensibilité intense du règne du vivant n'est pas sans nous rappeler le phénomène de « **l'effet papillon** » rendu publique par le mathématicien Edward Lorenz qui veut qu'une somme de mouvements discrets (tels ceux des papillons) peut engendrer de grands mouvements, tels ceux des ouragans. Symboles puissants nous incitant à l'application du **principe de précaution** le plus sage. Tout ceci pour dire, que si nous appuyons nos politiques sur cette sensibilité subtile rien ne sera plus comme avant.

Nous serons amenés à écouter ce que nous n'écoutions pas jusqu'à maintenant ; à regarder ce que nous ne regardions pas et finalement à donner de l'importance à des éléments auxquels nous ne prêtions aucune importance. Cette compréhension trouve écho dans l'étude environnementale puisqu'on étudie de plus de plus des éléments vivants de petite taille présentant des sensibilités fortes à des modifications de l'environnement (température ; qualité d'eau…). Les **planctons végétaux et animaux** donnent de nombreux exemples.

Ainsi, pour développer une nouvelle sensibilité qui sera vraiment constructive en matière de gestion de l'environnement il nous faudra faire un complet demi-tour pour prendre en compte tous les paramètres que nous ne prenions pas en compte jusqu'à maintenant.

CHAPITRE 4 : L'ORIGINE DES MOTS ET L'HISTOIRE

Comme évoqué précédemment, cette magnificence doit nous permettre un début d'expertise à partir de l'étude de **l'origine des mots** (Il s'agit là d'une science qu'on nomme **étymologie**) et du contexte environnemental. Il ne faut idéalement jamais tenter de couper un cadre naturel de ses racines culturelles et historiques, au risque de passer à côté de l'approche scientifique d'observation globale. L'environnementaliste (qui s'appuie sur le paysagisme) apprend nécessairement de l'étymologie et de la **toponymie** (**étude de l'origine des noms de lieux**).

Aux commencements des temps ?

Difficile il est vrai, avec la somme d'ouvrages et de références multiples disponibles en histoire, de séparer le grain de l'**ivraie** (**plante « invasive »**). Savoir qui dit vrai en somme. La meilleure solution consiste à étudier les langues originelles en elles-mêmes ; ç'est à dire remonter à la source. J'aime en tous les cas la beauté et la sonorité du mot nature qui viendrait selon certains étymologistes et historiens, (j'en parlerai dans un autre livre) de la racine grecque et par suite égyptienne **NTR** (prononcez **nétèr**) qui donnerait **NATURE** et signifierait : **émanation divine ou « dieu » ou pouvoir intrinsèque à toute chose**. Le hiéroglyphe s'y rapportant est une sorte de drapeau.

Il doit avoir la signification de ce qui est au sommet ; ce qui s'élève au-dessus et pour cause. La beauté ne pourra jamais être vaincue.

La recherche étymologique du mot nature peut donc compléter cette hypothèse en décrivant celui-ci comme le **centre des forces de conservation de l'univers**. Ou encore, comme l'ensemble du mouvement universel permettant la **conservation** des êtres. Toutes les définitions amènent à la notion de supériorité cosmique ou d'essence fondamentale de l'être et donc de **pérennité**. Ceci tendrait à expliquer le lien fort entre beauté ; divin ; nature et par conséquent environnement. Pour l'essentiel des spiritualités ancestrales, il n'y a à ce titre par de différence entre ce qu'on appelle Dieu et la science de manière générale. La séparation artificielle de ces deux concepts humanistes interviendra plus tard.

L'émerveillement commence donc ici : à la frontière entre nos yeux et notre incapacité immédiate à tout comprendre ; tout déchiffrer. Comme par intuition. J'ai pu remarquer au cours de mes différents cursus de formation, que l'on prêtait une attention assez pauvre voire nulle à l'origine des mots que nous utilisons. Et hélas, trop souvent à contre cœur. Ayant eu très tôt le sentiment d'appartenir à quelque chose de plus grand que nous, (cette fameuse nature encore elle...) j'ai cherché à remonter aux sources de toutes les informations qui me tombaient sous le nez pour ainsi mieux comprendre et faire mieux partie de ce tout.

Le sens donné aux mots

N'avez-vous pas été « saoulé » par le terme écologie ? Ecologie par-ci ; écologie par-là, à tel point que le débat social et politique n'est aujourd'hui quasiment concentré que sur ce mot (et le mot terrorisme), en parallèle avec le concept de développement durable. Et miracle de la sémantique, **le mot écologie est systématiquement opposé au mot économie**. Or, le préfixe « éco » qui vient de « oïkos » en grec signifie « maison » ou « habitat ». L'écologie est donc le discours relatif à la maison, à l'habitat ç'est à dire dans le langage courant, à l'étude des relations entre êtres vivants et environnement (on va plus loin déjà). L'économie est quant à elle « la règle ; la gestion de l'habitat ou de la maison ». Ce qui vous en conviendrez est strictement la même chose.

On se rend compte qu'il n'y a pas de différence entre ces deux mots qui renvoient à la même réalité physique. Mais il est vrai, que le « fait politique » à très tôt opéré une **dichotomie** (**séparation**) semble-t-il, entre la création monétaire et les **besoins matériels et immatériels** des sociétés. Concrètement, le discours politique ambiant tend malheureusement trop souvent à séparer artificiellement les besoins financiers d'une population de ses besoins globaux (eau ; assainissement ; nourriture ; culture ; loisirs…). Dans l'état d'esprit actuel, il y aurait d'un côté la banque intouchable fournissant la monnaie, et de l'autre cette nature subalterne (de second rang) censée obéir au dogme financier.

A ce titre, n'avez-vous jamais songé que les monnaies que nous utilisons tous les jours (euros ; dollars ;

pièces diverses...) sont faîtes elles aussi, de matières premières transformées ? Chanvre ; lin ou essentiellement coton permettent de fabriquer nos billets de banque. Cela nous permet donc de relativiser fortement le concept de richesse matérielle, n'est-ce pas ? La richesse matérielle et financière est de fait une richesse naturelle et divine. **Elle n'a pas vocation à créer des divisions au sein des populations**. On pourrait même dire que d'un point de vue philosophique, le système dans lequel nous vivons est strictement virtuel. Il n'a d'importance que celle que nous lui donnons. Pour revenir à notre espace terrestre plus romantique et à nos **géodes** par exemple, la signification du mot géode en grec est « en forme de terre » voire en allant plus loin « le chant de la terre » ce qui est plus poétique me direz-vous.

Nous sommes au quotidien, forcés de constater que nous employons de multiples mots d'origine grecque ; latine ; arabe ; gauloise ou même égyptienne sans le savoir. Consciemment ou inconsciemment nous transformons ou pervertissons leurs significations originelles. Nous jouons à un jeu trop souvent mortel avec les mots. Je le disais à l'époque sur l'antenne d'une radio locale dans une émission que nous avions baptisée « retour aux sources ». Le sens des mots de l'environnement comme des autres « lexiques » ne peut se comprendre qu'en remontant à sa source. **Il faut donc cesser par confort d'usage, d'opposer les mots écologie et économie qui ont strictement la même origine**.

La conséquence directe de cette nouvelle analyse est une refonte des politiques publiques en contradiction partielle avec les systèmes économiques actuels. Nous devons à moyen terme, opter pour un système « économique » centré sur plus de partage, et sur un calcul complexe des besoins des populations **basé sur le nombre et les capacités physiques de nos ressources naturelles à fournir ce nombre**.

L'histoire : source de compréhension

Les grandes avancées technologiques de l'humanité doivent toutes leurs ressources initiales à des produits extraits de l'environnement. Ceci mériterait un ouvrage à part entière. Néanmoins, les problématiques environnementales tiennent moins aux problèmes d'extraction et de transformation des matières premières qu'au traitement des nuisances dues à des soucis de **gestion de l'expansion urbaine et industrielle**.

L'histoire hygiéniste de la période allant du dix-huitième siècle au vingtième siècle, permet aux communautés humaines « nouvellement » urbaines en Europe, de prendre en compte toute la mesure de l'importance du traitement des nuisances, notamment dans les villes. Le préfet de la Seine Eugène Poubelle canalisa cette volonté de rendre soutenable la vie citadine parisienne en imposant par la voie de l'arrêté du 24 novembre 1883 une collecte des ordures ménagères dans des récipients munis de couvercles, en plus de la mise en place de « l'ancêtre » du tri sélectif (déchets putrescibles ; papiers et chiffons ; coquilles d'huitres).

Mal accueillie, cette collecte devait par des ajustements ultérieurs gagner le cœur des politiques de gestion des déchets. Cette mise en œuvre de mesures rendues inévitables à l'époque, se fait l'écho de mesures plus anciennes sur l'interdiction de la divagation des cochons sous Louis XII notamment. L'histoire générale de notre pays a en outre clairement démontré la supériorité de l'assainissement autonome sur l'assainissement collectif plus coûteux et plus demandeur de matériaux de construction pour sa réalisation et son entretien.

Disons à ce titre, que **l'assainissement par voie sèche** reste probablement le meilleur système, puisque ses sous-produits (compost « humain ») sont immédiatement réutilisables dans l'enceinte de la maison et de la parcelle privée. Pas de chasse d'eau de surcroît. **L'essentiel étant bien entendu de posséder suffisamment de surface au sol pour y prétendre**. Souvenons-nous en tous les cas, que l'agglomération parisienne (seule très grande agglomération française à mon sens) a longtemps utilisé des méthodes plus proches du sol (champs d'épandage) avec des succès limités au vu de sa population grandissante dans les années 1900.

L'actuel site d'implantation de la station d'épuration d'Achères accueillait en effet avant d'être équipée d'une des plus grosses unités épuratoires d'eaux usées au monde, des champs d'épandage ou les eaux usées brutes du centre de Paris étaient épurées par le sol. L'agriculture par son action de labour évitait alors le processus de colmatage. Cependant, l'urbanisation galopante et les progrès de la biologie médicale obligèrent à isoler totalement ces effluents potentiellement pathogènes des populations locales. Ceci est d'ailleurs tout à fait logique.

On voit alors qu'il est impossible de se débarrasser complètement d'un élément que nous produisons de manière massive en **habitat groupé**. Qui plus est, lorsque cet élément est issu de notre propre métabolisme (fonctionnement de notre corps). La dynamique historique ; les révolutions techniques ou appelées comme telles, semblent en conséquence nous démontrer que nous franchissons trop souvent des limites qui aboutissent à une production excessive de **cette forme d'énergie de bout de chaîne : les déchets**. Une des grandes lois environnementales s'appelle d'ailleurs la **conservation de la matière**.

Pour faire simple, dans une réaction chimique, les éléments en présence se transforment ; se dissocient ; se séparent mais à aucun moment ne disparaissent. Vous vous souvenez à ce titre de la fameuse formule conservée dans vos cahiers de sciences étant plus petit : « rien ne se perd ; rien ne se crée ; tout se transforme ». Formule chère à monsieur Antoine Lavoisier que vous connaissez. Ceci constitue un paradigme fondamental en sciences de l'environnement. Cette compréhension est d'ailleurs applicable à d'autres domaines d'études. Notamment en botanique, avec la dispersion des graines par les voies naturelles d'animaux en tous genres, ou par nos voies naturelles.

Ceci se vérifie immédiatement dans le traitement des déchets ou l'on récupère en bout de chaîne tous les éléments que l'on n'a pas pu valoriser en amont, en pratiquant par exemple l'incinération. En définitive, nous allons devoir corriger notre métabolisme social et donc économique (au sens environnemental) pour diminuer voire supprimer cette forme d'énergie « indésirable » qu'est le déchet ultime. **En effet, un système stable et durable peut exister très longtemps uniquement en créant un cycle vertueux et harmonieux avec l'environnement qui l'entoure.**

CHAPITRE 5 : L'URBANISATION ; L'ARGENT ; LA VIE

L'urbanisation ou l'expérience partagée

Les exodes ruraux ont modifié durablement les vues naturalistes de nos anciens, pour laisser place à des comportements trop artificiels et une pensée unique du développement dit économique. Ironie de l'étymologie, l'économie repose comme l'écologie sur une règle de gestion de l'habitat, de l'œkoumène ç'est à dire de notre maison : la terre.

Le développement parallèle après les années 30 du marketing et des progrès techniques, (généralisation des biens de consommation ; automobile pour tous…) a fini de « séparer » durablement l'homme de son socle de vie originel. Ceci s'est déroulé de pair avec le sentiment que toute ressource permettant ce nouveau confort « illimité » pouvait être extraite de manière infinie. Malheureusement il semble que nous ayons pour une majorité d'entre nous encore ce sentiment à l'esprit en 2015.

Mais creusons un peu plus. Nos comportements semblent plus paradoxaux à l'époque actuelle. A regarder par les vitres d'un avion ; d'un métro ; d'un tramway ou d'un quelconque autre moyen de transport, cette nature tant défiée mais tant contemplée, tant chérie, si fascinante semble peut être plus douce au travers des vitres d'un véhicule ou d'un bâtiment. Moins indigeste. Moins dangereuse.

En effet, comment ne pas prendre en compte la pleine nature de l'esprit humain et son désir de rêver ; de transcender ses capacités pour aller plus loin ; plus haut tout étant capable de se protéger des dangereux aléas produits par cette même nature ? De s'élever, prendre de la hauteur et surclasser ses problèmes, dilemmes ?

L'urbanisation massive de ces 100 dernières années n'est donc pas à condamner vulgairement dans l'analyse paysagère, mais à interpréter comme une caractéristique profonde des communautés humaines à se réunir ; à vivre ensemble ; et ainsi à partager des sensibilités et émotions communes ; n'est-ce pas ?

La volonté d'urbanisation n'est donc pas à blâmer de manière basique mais à replacer dans un contexte d'amélioration du confort de vie d'une part, (ou présentée comme telle) et de mutualisation d'efforts techniques pour alimenter et produire les territoires sur lesquels nous vivons d'autre part. Les centres de décision sont classiquement situés dans les villes. A l'heure actuelle, le concept de ville se vit de plus en plus au travers de micro-expériences partagées prenant leurs racines notamment dans « l'écologie et le développement durable ». Les ruchers collectifs ; les jardins citoyens ; les processus de verdissement des toitures ou bien encore de transformation d'espaces urbains « déclassés » en potagers de quartiers, y compris dans de très grandes villes mondiales, (New York par exemple) « trahissent » totalement ce désir et cette nécessité logiques de se rapprocher du vivant.

Une ville aussi grande soit elle, n'en demeure pas moins totalement dépendante des ressources

naturelles extérieures. Les formidables réseaux d'adduction en eau potable de New York en sont un vibrant témoignage. Un système puissant de barrages et de conduites enterrées irriguent la mégalopole américaine. L'aqueduc de Croton par exemple, mesure environ 65 kilomètres de longueur et achemine les eaux stockées du nouveau réservoir de Croton (proche de la rivière de l'Hudson) vers le centre de New York beaucoup plus au Sud. Il s'agit ici d'un aqueduc destiné parmi d'autres, à l'alimentation en eau d'une des plus grandes unités urbaines du monde. L'homme est capable de dépenser au gré des générations une énergie colossale pour maintenir ces centres de décisions d'un point de vue technique. Il s'appuie à ce titre, systématiquement sur la disponibilité des ressources naturelles, cornes d'abondance de son bien-être. Les exemples sont si nombreux qu'une encyclopédie n'y suffirait pas.

La force culturelle et financière des villes allait graduellement au gré de l'histoire, être remise en cause par les nuisances environnementales très fortes subies en matière de crise d'accès aux ressources naturelles (eau potable principalement). La gestion des déchets ultimes de plus en plus complexe apporte aussi son lot de doutes quant à la perpétuation d'un système de croissance urbaine non limité dans le temps et l'espace.

L'exemple de Mexico (autre mégalopole gigantesque) illustre de manière « dramatique » ces deux thématiques. La crise d'accès à l'eau potable y est terrible. Je peux témoigner lors de mes entretiens et enquêtes personnelles, du fait que cette réalité touche dans une moindre mesure de petites agglomérations de France. Un échange datant de quelques années avec une responsable d'un service eau potable d'une petite ville française (discrétion gardée) me permis de constater les difficultés de pompage des eaux destinées à la consommation humaine, notamment lors d'épisodes de sécheresse. La responsable m'indiquant alors, que les élus locaux dans leur politique de modeste expansion urbaine, ne tenaient pas compte des prescriptions techniques souhaitables pour limiter les volumes nécessaires à la consommation de la population civile.

Le fait urbain ; l'architecture vont donc s'adapter à de lourdes transformations dans les années à venir. Cette mue est d'ailleurs déjà à l'œuvre dans de nombreux territoires en France et « outre » France. Nous sommes en effet à la fin d'un cycle de croissance illimitée dans la mesure ou les territoires de nos communes sont, vous en conviendrez, réduits en espace.

Nous ne pouvons pas nous étendre à l'infini. Il faut immédiatement songer à mettre en œuvre des politiques d'aménagement du territoire qui prennent en compte ses éléments de réflexion. Ainsi, de par les nuisances importantes occasionnées par les mégalopoles mondiales (mais pas seulement) sur l'environnement, (rejets d'eaux usées intempestifs notamment) n'est-ce pas **l'échelle de temps de gestion des territoires** qui est remise en cause ?

Ne pourrions-nous pas penser en effet à un espace-temps beaucoup plus étendu pour la gestion de nos ressources naturelles ? Le terme **éternité** sonnerait il ici comme un gros mot, ou comme une possibilité technique à prendre en compte ? A cette échelle de temps toute autre, l'erreur n'est pas permise. Dans l'attente de cette transition heureuse, les élus et responsables de grandes agglomérations mondiales ont d'ores et déjà lancé un « concept » d'entraide et de suivi des mutations urbaines nécessaires pour atteindre de nouveaux objectifs. Il s'agit de la **résilience** appliquée aux espaces urbains de grande envergure. Attention, car ce concept s'entend dans le cas présent comme une capacité à affronter des crises et des difficultés, tout en pérennisant le même modèle de développement. On peut donc objecter que **les limites du mode de développement basé sur la notion de croissance doivent être dépassées pour permettre réellement une durabilité infinie de la ville**. Nous en sommes loin. Même avec les volontés de résilience affichées.

L'argent cet ogre

Il n'est pas possible de parler de la gestion de notre environnement sans aborder la question de la monnaie appelée plus promptement « argent ». La création « récente » en France de nouveaux statuts de type « scop » (sociétés de type coopératif) ou la mise en avant d'alternatives telles que les monnaies locales (SoNantes pour la métropole nantaise ; Eusko en pays basque…) attestent d'une certaine refonte de la pensée collective en matière d'organisation financière.

Néanmoins, malgré tous les bénéfices que nous pourrions idéalement tirer d'une généralisation de ce genre de structures économiques « nouvelles », rien ne semble encore aujourd'hui pouvoir affaiblir la puissance des concepts économiques classiques. En effet, comment remplacer le « dogme » de la **rentabilité** ou de la **compétition** entre sociétés ? Qu'on le veuille ou non, elles ont besoin d'énormes masses d'argent physiques et «virtuelles» pour fonctionner, et à ce titre payer leurs salariés et les flux de marchandises. Au pays du serpent qui se mord la queue, je vous souhaite la bienvenue.

Il va falloir, pour créer réellement les conditions d'un vrai développement durable, remettre en cause les paradigmes mêmes du fondement de nos sociétés dites de consommation, et ç'est probablement là où le bas va « blesser ». Depuis quelques temps (vous l'aurez peut être remarqué) un « nouveau » concept économique se fait progressivement une place dans les discours à visée environnementale : **l'économie circulaire**.

Ce nouveau modèle prétend « circulariser » l'économie du déchet et du réemploi des biens de consommation pour éviter tant que possible l'exutoire classique de nos déchets ultimes, à savoir l'enfouissement, qui ne peut faire disparaître nos « fichus » résidus. Lavoisier avait raison. Tout se transforme ; rien ne se perd ; rien ne disparaît. Tout élément retourné à sa plus simple expression particulaire ; ionique ; électronique redevient ce qu'il est, **et reste dans la sphère terrestre**.

Ce qui sous-entend que ce sont nos modes de vie modernes qui jusqu'à présent, semblent ne pas avoir pu remplir leurs missions durables. En effet, il semblerait que dans un système voué à la productivité et donc aux gains en argent à court terme pour chaque portefeuille, le seul et unique moyen d'aboutir à son but est de produire un bien en quantité massive et d'empocher la marge financière escomptée sur chaque article, que celui-ci soit concret ou virtuel. Songeons nous un seul instant que ce modèle est applicable à chaque individu souhaitant s'en sortir matériellement comme tous les autres d'ailleurs. Cela signifie que chaque individu aura droit à son véhicule ; son portable ; ses vacances ; ses loisirs et qu'il aura besoin pour se faire, de la même somme d'énergie dont aura besoin son voisin pour faire la même chose. Imaginez-vous la quantité en joules ; calories ou équivalent pétrole que cela nécessite pour arriver à maintenir dans le temps cette organisation ?

Quand on songe que chaque entreprise au lieu d'être soumise à une règle de **gestion collective et d'utilité publique** est guidée par son chiffre d'affaires et son résultat net cela fait sincèrement froid dans le dos. Cela est sans compter sur la filière environnementale de la création monétaire. **Les billets de banque sont constitués pour l'essentiel de fibres de coton**. Ils dépendent des aléas de la production de ces plantes à vocation industrielle. Imaginons en conséquence des stations de production d'eau potable ou des usines épuratoires d'eaux usées devant cesser leur activité sous prétexte d'un bilan financier déficitaire.

Cette situation ne serait acceptable pour personne. Pourquoi ne pas appliquer cette règle de nécessité à tout type d'activité professionnelle ? L'utilité serait alors le nouvel étalon de la production économique et non les résultats financiers. Vaste chantier en perspective. Du pain sur la planche ; du poids sur nos hanches.

Le royaume de la plante ; la mémoire chlorophyllienne

N'avons-nous pas une tendance fâcheuse à raisonner ou à penser notre environnement en fonction de NOS vues sans faire un effort de changement de perspective ? Concrètement, cela signifie que nous n'accordons pas une place suffisamment importante au règne animal et de surcroît au règne végétal.

Pourtant le végétal a façonné des royaumes et des empires de puissance internationale, bien souvent pour le meilleur (alimentation des populations) comme pour le pire, (bois de marine de Colbert servant à faire la guerre) ç'est selon. Si il y a bien un objet environnemental qui est devenu désuet au cours des cinquante dernières années à ce titre, ç'est l'arbre.

Les **sèves** ; la **photosynthèse** ; la formidable capacité de croissance du végétal **ligneux** (**la lignine est une matière « dure » du bois**); les principes de **mycorhizations** (**réseaux de champignons filamenteux souterrains**) sont des phénomènes finalement très peu connus du grand public qui pourtant constituent les charpentes essentielles du vivant. Une sorte de réseau internet végétal invisible.

Il est triste de constater que les associations de sauvegarde de ces grands architectes verdoyants sont souvent rangées dans le tiroir « écologistes », quand même nous avons rappelé les origines communes des mots économie et écologie. Réfléchissons un peu plus profondément sur la question. En effet, quel autre élément présent dans la nature que l'arbre nous donne la possibilité infinie (si elle est bien gardée) de nous chauffer (par le bois notamment) ; nous protéger des précipitations (les houppiers interceptent une grande quantité d'eau) ; nous alimenter (fruits divers) ; faire écran et nous protéger des regards indiscrets, ou encore nous permettre d'édifier de solides édifices de plain – pied sur plusieurs étages ? L'arbre doit récupérer ce respect qui lui est du. Il ne doit pas entrer dans la catégorie des banalités environnementales, d'autant plus que sa dynamique de croissance quasi infinie lui permet d'être le témoin générationnel de plusieurs époques. Un arbre âgé de 200 ans au moins aura pu voir se faire et se défaire plusieurs régimes politiques. Inscrite dans sa « chair » sera l'histoire des humains en plus des aléas et contraintes climatiques.

Les formidables études **dendrochronologiques** (**étude des cernes du bois et de leur contenu**) sont là pour en témoigner. Il agit ici comme une bande enregistreuse, magnétique pour prendre le rôle de témoin historique. Criblé de balles dans les Vosges, il agira comme un reflet du mal que les sociétés peuvent s'infliger à elles-mêmes et à leur environnement. Relent nauséabond des guerres de 14-18 et 39-45, le marchand de bois aura ainsi l'œil pour déclasser un bois « mitraillé » vers des usages moins nobles que ceux auxquels il aurait pu prétendre (menuiserie ; ébénisterie…).

On le voit, l'arbre est pour ainsi dire une **tour de contrôle mémorielle** des activités humaines, en plus d'offrir le gîte et le couvert à qui connaît un minimum sa botanique. Ses formidables capacités « sociales » se couplent à des capacités physiologiques hors norme. Dispersion de quantités astronomiques de **pollen** à la saison reproductive, ou encore captation de gaz (dont le dioxyde de carbone tant médiatisé) et épuration de résidus azotés par le sol (notamment les nitrates, encore eux). L'arbre et le végétal de manière générale sont à considérer en conséquence comme de superbes ingénieurs polyvalents enracinés au sol, l'environnement et l'histoire. Rendons hommage et contemplons ce qui sera à coup sur notre élément d'accroche vers un monde plus sain et équilibré. Nous enseignant la patience et la gestion des réserves naturelles, le végétal incarne enfin une multitude de symboles relatifs à la pérennisation de la vie sur terre et dans d'autres espaces temps. Etudions et rêvons. Voyageons à dos d'arbres sous l'éclat étincelant de la voie lactée.

L'animal le mal aimé ou le « nuisible »

L'animal quant à lui, superbe concurrent à l'homme a tendance à fasciner notre genre autant qu'il nous fait peur. Ce raisonnement de fond qui semble guider les débats télévisés (en dehors de la sphère internet un peu plus libre) en devient délétère, tant il oblitère notre possibilité d'analyser les faits observables sur le terrain en scientifiques que nous sommes tous quelque part.

Au hasard d'une de mes lectures je tombais sur une carte. Elle représente la course (ou plutôt la fuite) effrénée d'un cerf pour échapper au funeste sort qui l'attendait lors d'une chasse dans le département du Loir et Cher. Cette carte dessine une trajectoire faite de multiples courbes sur plusieurs kilomètres.

L'animal cherchant à fuir le plus loin possible n'hésite pas à s'enfoncer en Loire pour éviter ses poursuivants. Loin de moi néanmoins l'idée de vouloir stigmatiser les chasseurs. Précisons d'ailleurs qu'il existe plusieurs catégories de chasseurs et NON un chasseur type embarquant le même matériel et ayant les mêmes objectifs. Mais par cette remarque j'entends simplement rappeler au lecteur que la **mort forcée, artificielle d'un être quel qu'il soit n'est évidemment pas naturelle et devrait être réfléchie plus profondément**.

De la chasse « survie » à des fins de prélèvements en nourriture dans quelques forêts de Papouasie Nouvelle Guinée à la chasse à la perdrix dans les plaines de Beauce en France, (sans oublier les chasses « alternatives » : à l'arc…) il y a des différences importantes à noter. La prise en compte de l'animal dans son environnement naturel n'étant pas toujours optimale. Certains actes ressemblant plus à des actes de suppression qu'à des actes de gestion.

Dans la même logique, il est dramatique de constater que les accidents mortels et/ou corporels comptabilisés lors des exercices annuels de chasse en France concernent principalement les chasseurs ; animaux de meutes tués ou blessés ; blessures par balles ou plombs ; ou encore chasses inopinées de grands cervidés sur des terrasses de propriétaires privés étrangement surpris de telles scènes sous leurs yeux. Au-delà de ces faits malheureusement trop divers, qu'en est-il de l'animal dans la représentation que nous nous en faisons ? Je prendrai pour étayer mon argumentaire un exemple caractéristique :

Le loup qui m'interpelle depuis plusieurs décennies maintenant. Le nom fait peur et ç'est probablement là le premier problème que nous rencontrons. Nous attribuons en effet à un son, une phrase ou une citation un cliché censé alimenter une pensée unique. En 2015 cet animal (canis lupus) est toujours classé dans la catégorie des « super » prédateurs « horriblement » dangereux pour le genre humain. La simple comparaison des cartes de présence de l'espèce entre 1750 et 1925 et de 2012 à 2015 (office national de la chasse et de la faune sauvage) est éclairante sur l'effort draconien mis en œuvre au début du 20ème siècle pour éradiquer purement et simplement l'animal de nos campagnes.

Symboliquement et esthétiquement j'ai toujours été fasciné par la beauté naturelle des loups ou des grands requins blancs par exemple. Cette puissance se dégageant de leurs traits si fins et si précis ne peuvent selon mon approche qu'inspirer un profond respect. Pour être franc avec vous, je ne pourrai me sentir capable de tuer un seul de ces animaux. Cela m'emplirait de peur et d'angoisse. Rappelons aussi que le cerf d'Europe est avant tout une espèce d'espaces ouverts à l'origine, tels que les steppes d'Eurasie. Il ne peut pas être reclus ou enfermé dans des espaces forestiers contrôlés et gérés au cordeau. **Ces animaux somptueux sont naturellement « programmés » pour s'approprier le territoire et braver les limites que nous leur imposons**.

Ces constats ne font que renforcer l'impression d'erreur globale dans les **gestions cynégétiques (chasses avec une meute)** mises en œuvre jusqu'à présent. Il nous faut très certainement réviser notre copie pour assurer plus de sécurité d'une part et pérenniser le bien-être animal d'autre part.

CHAPITRE 6 : LE TERRORISME ET NOTRE ENVIRONNEMENT

Nos yeux vides ne voient pas ou ne voient plus… Le lien est brisé ; rompu. Nous sommes devenus des petits soldats de plomb poussant une voiture… Pressés d'aller au travail… Nous ne sommes d'ailleurs pas réellement fautifs de cette situation. Mais l'énergie que nous dépensons chaque jour nous empêche souvent de voir ce qui se passe autour de nous ; en nous. Les pires atrocités ont été commises sur cette planète et continuent d'être commises et au nom de quoi ? Il semble que nous n'ayons pas trouvé la solution à nos maux, alors commençons par fermer les yeux et regarder en notre histoire récente le mal que nous avons causé.

Le tableau s'obscurcit. Les bombes au phosphore blanc ; l'agent orange (mélange de deux herbicides utilisé lors de la guerre du Vietnam) et les dégâts toxiques, environnementaux et **ontogéniques** (**attaquant les gènes**) dramatiques occasionnés lors de ces stupides conflits aussi ignobles qu'inhumains, n'ont-ils pas fini de nous faire comprendre qu'il nous faut arrêter d'encenser les actes, personnes et systèmes politiques violents (par peur de prendre un autre chemin peut être) ?

De grands groupes du jouet annoncent ces temps-ci qu'ils retirent de leurs rayonnages des jouets évoquant trop l'appel à la guerre et au meurtre. C'est presqu'une première, car si l'empathie ne constitue pas forcément le fer de lance des politiques commerciales mondiales, il n'en demeure pas moins qu'en adoptant ce genre de restriction dans la commercialisation d'un produit, on reconnaît, même pour une durée limitée, que la **dégradation de nos conditions** de vie commencent par la promotion d'une vision du monde chaotique faîte de souffrance et de guerres sans fin.

Comment définir la notion de « terreur » si ce n'est par un acte qui tend consciemment ou inconsciemment (d'où la complexité d'un changement à grande échelle) à détruire le vivant ; à le piétiner ; à le défigurer. Sachez que l'**embryologie** (**étude de l'évolution des embryons**) peut amener à une science « ignoble » qu'on appelle la **tératologie** (**étude des monstres**). Cette dernière science n'a que trop démontré les liens entre pollutions de l'environnement ; modification du génome et donc en bout de course macabre ; apparition d'êtres malformés à l'extrême. Voulons-nous encore ça ? **Non en ce qui me concerne**. Cette définition est humaniste et vitaliste je pense.

Elle n'est pas une définition issue d'un institut d'études stratégiques ou d'un bouquin quelconque pioché au hasard des rayonnages d'une bibliothèque universitaire. Non, elle est une définition qui tend à respecter le vivant et donc toutes les formes du vivant. Nous entrons là dans **le monde infini de la complexité pour oublier le monde de la facilité et de l'orgueil**.

Le terrorisme n'est donc pas seulement le fait de groupes radicaux ; extrémistes souhaitant gratuitement faire souffrir ou atteindre la beauté dans son cœur. Le terrorisme est une posture idéologique ; politique ; économique voire individuelle qui **tend à effacer le vivant ; effacer la beauté pour instaurer la peur ; l'égocentrisme et le profit matériel non durable**.

La base d'une politique terroriste est le mensonge pour asseoir un pouvoir aussi artificiel qu'illusoire. Car à la fin de l'histoire, seules les personnes dignes de cœur et humaines seront appelées à prendre de vastes responsabilités.

CHAPITRE 7 : VRAIE DEFINITION DE L'ENVIRONNEMENT

L'environnement est donc une construction mentale et physique. L'environnement est aussi concrètement ce que nous voulons qu'il soit. **Ne soyons plus pessimistes bien au contraire**. Nous devons en effet œuvrer à l'amélioration et l'assainissement de notre environnement pour transmission à nos enfants dans un état sain. Plus facile à dire qu'à faire. En tous les cas, chaque connaissance partagée ici doit trouver un écho sur le terrain. Sinon cela n'a aucun sens à mes yeux. Il s'agit sincèrement d'une mission de haut vol qui dépasse toute forme de **clivage** (**division ; séparation**).

Il y a donc d'un point de vue pratique « deux » environnements qui constituent l'environnement de vie au sens large. Tout d'abord **l'environnement intérieur** de l'être, ç'est à dire son ressenti et ses émotions façonnés par son éducation, les valeurs et sensibilités transmises par l'entourage familial. Le contexte social apporte également une empreinte durable sur la construction de ce « premier » environnement. Notons à ce titre qu'il y aura autant de représentations possibles de l'environnement que d'individus ; de groupes sociaux ; tribaux. Il devient ainsi rapidement complexe d'unifier une société autour d'une conception identique de l'environnement. Encore faudrait-il pour cela avoir un projet de vie commun voire philosophique.

Ensuite on trouve bien évidemment **l'environnement « technique »** ; physique qui nous entoure et qui est le produit du travail terrestre et cosmique.

Cela veut dire que pour un même environnement, la valeur qui lui sera attribuée sera différente. L'expert entre alors en scène pour tenter de donner une définition rationnelle et impartiale. Encore faut-il qu'il soit écouté. On en arrive ici à la notion de politique publique, seule « apte » à mettre en œuvre sur le terrain des mesures d'aménagement à bon escient.

Car à l'opposé de certaines visions communes qu'on retrouve dans certains systèmes spirituels, on n'arrive jamais à départager les différentes représentations. La gestion de l'environnement est à ce titre conflictuelle alors qu'elle ne le devrait pas. **Ce qui manque, ç'est une légitimité globale**. Une autorité naturelle (les mêmes mots reviennent) qui engendrerait un projet social et environnemental juste, loin de tout esprit partisan. **Les personnes sincères incarnent cette autorité**.

Dans ma conception des choses de la vie, je ne peux me résoudre à oublier les fondamentaux qui sont à l'origine des éléments de l'environnement (l'eau ; l'air ; le sol ; les écosystèmes). Ç'est mon approche première. Ceux qui me connaissent d'un peu plus près savent que j'accorde une grande importance à l'approche dite de gestion globale ou multifonctionnelle de l'environnement.

En effet, l'eau alimente les plantes qui elles-mêmes ont besoin de lumière et qui à leurs tours vont aider à la constitution des sols. Ces sols qui ne peuvent eux-mêmes voir le jour sans une **roche mère (appellation géologique**

de l'assise minérale du sol) et ainsi de suite. Lorsque je professe des cours d'expertise forestière sur le terrain comme en salle, j'aime rappeler à mes étudiants l'ampleur historique des usages forestiers qui étaient à l'œuvre avant les années 1945. Le but étant ici de rafraîchir les mémoires sur les conditions sociales ; techniques et professionnelles du travail de nos « anciens » et sur l'étendue des savoir-faire de l'époque. Les représentations sociales de l'environnement doivent donc s'ancrer sur l'observation des faits tout en les liant aux autres compartiments nécessaires à la vie humaine (monde du travail ; épanouissement…).

Je vous propose dans ce cadre d'aller à la source de la constitution de notre environnement indépendamment de nos convictions personnelles ou politiques. Se laisser guider plus par notre intuition sans peur.

La source de l'univers ; le soleil vainqueur

Il va de soi que l'environnement de nos ancêtres tout comme le nôtre « baigne » dans la lumière solaire. Notre étoile vitale constitue le « premier » objet direct d'étude pour celui qui s'intéresse aux sciences de l'environnement. Il faut donc inclure le fonctionnement de notre majestueuse planète dans la dynamique globale de l'univers.

Ce simple rappel a refait surface dans mon esprit au fur et à mesure que je m'imprégnais à contre cœur du discours des médias généralistes souvent simplissime sur les questions liées à ce qu'on appelle le réchauffement climatique. Il est en effet trop rapide d'assimiler le réchauffement climatique comme une conséquence **unique** d'un accroissement de l'effet de serre, lui-même dû à une augmentation graduelle des concentrations en gaz occasionnant ce phénomène. Un paramètre de taille est oublié dans ce type de raisonnement.

L'activité solaire et donc les variations climatiques sont mises en avant dans un certain nombre d'articles de l'école nationale supérieure de Lyon, rappelant ainsi le lien entre le **nombre de tâches solaires et les variations de températures sur les siècles derniers**.

Nous avons déjà connu des périodes de chaud et des périodes de froid. Cela permet de compléter l'approche scientifique. Ceci permet d'alimenter une vision qui n'est pas circonscrite au problème des rejets de dioxyde de carbone dans l'atmosphère non seuls responsables des variations thermométriques.

L'impact d'une telle activité électromagnétique de haut de gamme a bien évidemment des effets collatéraux. Les chercheurs astronomes du laboratoire d'études spatiales et d'instrumentation en astrophysique de Paris, nous rappellent que **l'éjection de particules énergétiques solaires peut causer (outre les magnifiques aurores boréales) des ruptures d'alimentation en courant électrique ; des casses de matériels satellitaires ou encore des dommages sur des câbles de télécommunication**.

Quelques évènements de ce type ont eu lieu entre les années 80 et 2000. Nous sommes sous l'effet permanent du rayonnement solaire et soumis intégralement au bon vouloir de ce moteur thermonucléaire géant cent pour cent naturel. Nos petits actes terrestres humains sont dérisoires en comparaison. Une autre source d'humilité ici.

Quel est le but d'une telle connaissance me direz-vous ? Simplement comprendre que le premier « maître » climatique du fonctionnement technique de notre globe terrestre est le soleil (produit de l'univers). Notre étude environnementale pour résoudre les problèmes qui sont les nôtres doit systématiquement inclure les paramètres solaires et « universels » dont nous dépendons sans y penser.

Les paysages et la gestion forestière méconnus

Si la lumière et le fonctionnement astrophysique restent à la source de nos conditions de vie, aucun aspect de la vie économique n'est étranger d'un point de vue historique à la gestion forestière et de manière plus élargie à la gestion et l'exploitation des végétaux et donc des paysages. L'agriculture et la cueillette de plantes ; fruits ; graines ont toujours nourri et continuent de nourrir toutes les civilisations humaines. Notre vie d'être humain n'est-elle pas régie par ce cycle journalier de recherche de nourriture ?

Et qui plus est de recherche de végétaux constituant la base de notre alimentation ? Autant, il nous est possible de nous dispenser d'alimentation carnée, (viande) autant la consommation de végétaux est strictement vitale. Souvenons-nous simplement que nos anciens ne mangeaient pas forcément de la viande à chaque repas il y a encore quelques décennies. Certains n'en mangeaient qu'une fois par semaine.

Les espaces forestiers sont pourvoyeurs d'une multitude de produits dont nous avons perdu la connaissance ou les modalités de production et d'exploitation. Si certaines de ces productions ne vous sont pas familières, ç'est probablement que vous n'avez plus en mémoire le discours de vos grands-parents ou arrières grands parents sur les traditions locales de vos aïeux. Châtaignes ; merises ; cormes ; nèfles sont peut-être pour vous des produits familiers à l'évocation du nom ; pour d'autres il faudra faire plus d'efforts pour y faire correspondre une image. La cueillette était encore avant la seconde guerre mondiale en France une pratique courante voire récurrente dans nombre de communes. Les parents et les enfants y participant conjointement, et les élèves apportaient en classe pour leur repas de midi des **baies** (nèfles ; groseilles) ; des **drupes** (cerises ; noix…).

Le vocabulaire associé est également très riche. La châtaigne est peut être à l'heure actuelle un des fruits forestiers les plus populaires, même si ses coûts de production et ses prix de vente restent élevés malgré une ressource nationale sur pied plutôt abondante mais délaissée.

Outre les productions fruitières, on ne peut omettre des productions emblématiques. Ainsi, la récolte de la bourdaine (arbuste forestier) alimenta l'industrie de la poudre à canon durant les périodes malheureuses de conflit. Le service des poudres français instaura en 1930 dans l'inspection des eaux et forêts d'Indre et Loire en France (entre autres territoires) un règlement d'exploitation de cet arbuste pour fournir les meules du centre de production du Ripault devenu ultérieurement le site du commissariat à l'énergie atomique sur la commune de Monts dans le même département.

Triste et macabre ironie de l'histoire, ce lieu de travail sous haute surveillance connu le 18 octobre 1943 une dramatique explosion. Ma rencontre avec un des responsables de l'association locale de la mémoire des poudriers du Ripault raviva en moi ce sentiment de respect orienté vers les personnes employées à de telles tâches de force et de difficulté. **A côté d'elles, nous sommes issus de générations choyées et dorlotées**.

Au-delà des aspects productifs ; le discours des hommes et des femmes investis de missions d'Etat, façonnent et ont façonné la morphologie des paysages forestiers depuis le plus « ancien » code forestier français mis en place par Philippe VI jusqu'aux plus récents documents d'aménagement (forêts publiques) et de gestion (forêts privées).

Un des exemples les plus documentés est peut-être celui de Louis de Froidour nommé commissaire général de la réformation des eaux et forêts au sein de la grande maîtrise de Toulouse. Ses témoignages sous forme de mémoires, sont à la fois des sources d'informations précieuses pour l'archiviste de l'histoire française, et une douce poésie émouvante.

Quand on réalise le chemin parcouru par nos anciens et qu'on visualise les efforts qui ont été les leurs pour nous transmettre cet héritage boisé à plusieurs siècles d'intervalle, on reste sans voix. Louis décrit lors de ses missions de reconnaissance sur le terrain à pied ou à cheval (quand je pense que nos enfants pinaillent aujourd'hui pour quelques kilomètres à pieds) les contradictions qu'il rencontra entre la volonté pas toujours légitime du roi de France de maîtriser la production forestière, et le nécessaire respect qui devait être le sien à l'égard des populations locales qui utilisaient cette fabuleuse ressource. Ces massifs forestiers dont je parle sont les vôtres ; les nôtres et il nous appartient **d'en assurer la transmission en les préservant**. J'aime rappeler l'état d'esprit des courriers de Louis de Froidour destinés pour certains à Julien de Héricourt (procureur pour la réformation générale des eaux et forêts) qui pointent du doigt un constat aussi ancien que contemporain. Louis s'aperçoit en effet que la **rapine (ç'est à dire l'esprit d'usurpation et la capacité à faire le mal, à voler**) s'est emparée du cœur des hommes. Il accomplit donc ce qu'il devait pour tenter d'en limiter les dommages. S'en remettant à Dieu dans son dernier voyage. Emouvant témoignage qui a des résonnances bien actuelles.

Le célèbre massif forestier de Bercé dans le département de la Sarthe, est quant à lui reconnu pour ses incroyables chênes multi centenaires dont une destination finale fut le bois de marine approvisionnant sous Colbert les arsenaux (ports) français. Ce bois servait à construire des bateaux gigantesques. A la visualisation de ce petit voyage dans les us et coutumes forestiers de nos ancêtres, il se dégage une forme d'humilité profonde en regardant ces splendides chênes sessiles âgés pour certains de plus de 350 ans.

Les plus vieux disparaissant malheureusement progressivement suite à des coupes réglées. Nos activités quotidiennes basées trop souvent sur la recherche d'un gain à court terme en argent, ne vous paraissent-elles pas dérisoires voire parfois médiocres face à ces géants d'eau et de chlorophylle contemplant les siècles au-delà de leur 40 à 50 mètres de hauteur ?

Le sol sur lequel nous marchons à grands pas

Pas de lumière ; pas de végétaux ; pas de sols. Le sol souvent assimilé à une entité strictement minérale est en réalité le réceptacle d'une vie très diversifiée et complexe. Bactéries ; vers ; **arthropodes** (**araignées**…) ; **crustacés** (**cloportes**) ; **myriapodes** (**géophiles**) glissent ; s'entrecroisent ; fragmentent et transforment la matière organique tombée en **substances humiques** (**absorbables par les végétaux**).

En y réfléchissant de plus près, toutes nos activités de près ou de loin sont liées au sol. De fait, tous nos résidus et déchets (notamment) y transitent ou y sont entreposés pour une période de temps plus ou moins importante. Plus subtil est le fait que toutes les eaux de ruissellement issues des pluies charrient à des teneurs faibles ou fortes des particules issues en particulier de nos véhicules.

Il faut à ce titre des efforts techniques importants (bassins de récupération et de traitement des eaux d'autoroutes par exemple) pour pouvoir retirer ou transformer des pollutions ponctuelles ou récurrentes au sol ; sous-sol et de surcroît aux eaux de surface ou eaux souterraines.

Les êtres vivants habitant dans le sol n'ont pas trop de popularité, car il semble que nous n'ayons pas encore compris le caractère puissant des processus s'y déroulant. Ils y sont présents par millions ; milliards et en mouvement de manière continuelle. Les phénomènes d'épuration des eaux grâce aux sols ne sont pas nouveaux mais ils méritent une attention toute particulière. Ainsi le lecteur doit impérativement retenir la notion de **complexe argilo-humique** qui permet de retenir certaines particules chargées électriquement : les cations. Les **cations sont chargés positivement et sont retenus par les feuillets argileux du complexe qui eux sont chargés négativement. Les anions quant à eux sont peu voire pas retenus par ce complexe car ils sont chargés négativement**. Ils ont donc la même charge électrique que les feuillets argileux et en conséquence se **repoussent**.

Ceci explique pourquoi les nitrates dont vous entendez tous parler, ne sont pas retenus par les sols et migrent vers les nappes d'eaux souterraines. Il en est ainsi d'autres **ions chargés négativement** (**anions**) comme les sulfates ; les phosphates ; les chlorures. Dès lors, les méthodes d'usage des sols sont quasi-systématiquement à remettre en cause y compris le labour. En effet, le labour mécanique se rajoute au labour naturel orchestré notamment par les vers que vous connaissez tous.

Il va sans dire que détruire le sol ou le remanier revient à détruire ou à déranger ces laboureurs de l'ombre. Ces animaux extraordinaires travaillent de haut en bas ; de gauche à droite pour adoucir le sol et donner la fertilité nécessaire aux plantes et leurs racines. Le sol est comme une pile ; un aimant biologique polarisé.

Ç'est donc l'image d'une machine biologique **électrique** naturelle en perpétuel mouvement que nous devons garder en mémoire. Ne vous chargez pas la tête d'équations dans tous les sens, retenez l'essentiel. **Notre terre ne retient ou n'attire que certaines particules chargées électriquement**. Le magnétisme fait partie de notre environnement. En outre retenons que la vie biologique y est très intense. Je ne la détaillerai pas ici.

Si nous devons réaliser dans la minute un schéma d'explication du fonctionnement des sols devant un grand jury de spécialistes (pédologues), nous dirions ainsi que le sol est fait pour retenir certains éléments et pas d'autres. Et qu'il est le siège et l'habitat de milliards d'êtres vivants tous sensibles aux polluants tels que les pesticides ; fongicides…

Ceci a tendance à me rassurer, car cela soulève peut être l'hypothèse d'une logique d'usage de chaque chose présente dans l'univers. Nous sommes ici dans la voie de la sagesse environnementale. A savoir, observer et tirer des conclusions en termes de gestion et bon usage. On ne pourra plus asperger les sols de produits dits phytosanitaires sans penser aux êtres vivants qui y résident et qui travaillent à fournir la matière vitale aux plantes que nous mangeons par la suite.

La géologie théâtre de joyaux et de laideurs

Le sous-sol constitue la roche mère qui accompagne la formation du sol en surface. Aucun objet technique (voiture ; ordinateur ; électroménager…) dans son processus de fabrication ne saurait aujourd'hui se passer de minerai. **La**

lecture d'un paysage est déjà l'occasion de se pencher sur les couches de roche plus ou moins profondes qui ont abouti par des mécanismes de dégradation progressifs (altérations) à la formation d'argiles ; de limons et de sables si essentiels dans la filtration et la rétention des eaux ; des polluants et des ions.

Le bassin parisien recouvert sur une grande partie de sa surface de roches sédimentaires, ç'est à dire dégradées en particules plus fines, doit sa formation à des phénomènes de **transgression** et de **régression** marine (**la mer va et revient…**). Concrètement, il y a eu présence de mers intérieures à plusieurs reprises sur le sol que nous foulons à l'heure actuelle. Les muséums d'histoire naturelle locaux que vous pouvez fréquenter en font souvent état. Qui n'est pas parti en quête de quelques fossiles non loin de chez lui pour alimenter son imaginaire de créatures fantastiques (requins dodus ; crocodiles énormes…).

Le sous-sol est donc pourvoyeur d'argiles ; de sables ; de calcaires ou de craies pour les travaux de bâtiment et de construction ; de phosphates pour les lessives ; d'uranium pour les filières de production d'électricité que l'on connaît si bien aujourd'hui ; de **pétrole** qui étymologiquement signifie « **huile de pierre** » et dont nous sommes tant tributaires à l'heure actuelle. Mais encore de schistes pour la constitution des toits d'ardoise de la région angevine par exemple (Trélazé…).

Il est plus triste de constater que ce sous-sol tant nécessaire à nos activités peut aussi servir de déchèterie quand cela nous convient. A titre d'exemple, les couches profondes de nombreuses formations géologiques américaines ont servi pendant des années de lieux d'élimination de déchets liquides de nature industrielle (métaux ; acides ; pesticides…). L'injection profonde de déchets de ce type aurait commencé dans les années 30.

Cette géologie peut aussi apporter la haine et la méchanceté des hommes au cœur violent pour l'extraction de quelques **diamants** de conflit. Les chroniques historiques récentes du Libéria ou de la Sierra Léone à ce sujet donnent envie de pleurer. Pourquoi tant de haine et de divisions quand on sait que nous sommes tous dépendants des mêmes ressources à partager pour l'éternité et gratuitement. Ce sang versé à fleur d'eau dans les plus beaux des cours d'eau africains ou affleurent cet or si abondant qu'on peut le ramasser sans trop se baisser, à le goût de l'amertume et des regrets de guerres aussi stupides que **sacrificielles**. Agir de la sorte, ç'est comme se tirer une balle dans le pied quand il nous en reste.

Le vice humain pousse la laideur jusqu'à cacher des bombes dans le sol pour augmenter son emprise sur des êtres égarés sur quelques sentiers peu battus. Cette géologie synonyme pour ceux qui ne font pas d'effort, de pétrole à bas coût ou de filon uranifère « facile », apporte et continue d'apporter comme on peut le constater son lot d'horreurs insupportables.

Au-delà de cela, les programmes de prospection pétrolière en 2015 sont en bonne forme et pour cause, nos techniques de **sismique réfraction** (**analyse d'ondes sismiques**) couplées à la puissance d'ordinateurs toujours plus rapides transforment l'ingénieur conventionnel en machine de haute précision à la recherche de précieux minerais et substances **lampantes** (pétrole ; bitume…).

Eaux sales cherchent purification

La plupart des citoyens habitants dans des espaces urbains agglomérés de plus ou moins grande importance sont raccordés à un réseau collectif d'assainissement aboutissant le plus « normalement » du monde à une station de traitement des eaux usées. Cette ingénierie épuratoire des réseaux dits urbains est « nouvelle » au vu de l'histoire. Un des problèmes soulevés par ces méthodes certes efficaces mais énergivores réside dans les lâchers d'eaux brutes dans les cours d'eau lors d'opération de maintenance d'une part, et à des politiques de gestion de territoires urbains tendant quasi systématiquement à généraliser les raccordements sous prétexte d'efficacité d'autre part.

Ceci me rappelle une discussion avec un collègue chargé de projet dans le domaine de la mesure hydraulique, qui me disait la chose suivante : « **il vaut mieux plusieurs petits systèmes épuratoires efficaces qu'un système unique de grande taille fonctionnant certes bien mais risquant d'occasionner des dommages plus grands en cas de dysfonctionnement** ». La tendance systématique de raccordement au réseau collectif a vécu et il faut préserver nos capacités épuratoires par les sols.

Il faut par ailleurs relativiser l'intérêt des filières autonomes d'assainissement classiques car celles-ci produisent elles aussi leurs lots de sous-produits appelés matières de vidange. Celles-ci proviennent des fosses de collecte des systèmes. Ce sont des matières organiques de décantation qu'il faut ensuite éliminer par traitement en station d'épuration. L'assainissement le plus « propre » et le plus économe en énergie est probablement le système sans eau de type toilettes sèches. Ces toilettes ne produisent qu'un compost humain réutilisable en agriculture familiale et locale voire régionale.

Nos déchets ultimes n'ont plus de place...

Ne partez pas. Les phrases qui suivent cachent une réalité simple. La vitrification de déchets « techniques » (déchets radioactifs) ; les problématiques de fuites de **lixiviats (jus des ordures ménagères une fois enfouies dans les « décharges »)** ; la réutilisation des **r.e.f.i.o.m (résidus de fumées d'incinération des ordures ménagères)** ou des **mâchefers (résidus issus de l'incinération des ordures ménagères)** doivent nous faire réfléchir à plus d'un titre.

Je sais que ces mots semblent « barbares », mais ils désignent une réalité qui nous concerne tous. Il s'agit en effet, du stockage quotidien de nos déchets ménagers, ou déchets de la filière de production d'électricité d'origine nucléaire par exemple, pour la fraction d'entre eux qui finissent leur vie dans les centres d'enfouissement rebaptisés installations de stockage de déchets non dangereux (i.s.d.n.d) ou dangereux (i.s.d.d).

Et pour cause, nous avons maintenant un problème d'espace disponible à très long terme pour tous les déchets que nous ne voulons, ou ne pouvons pas techniquement valoriser. Ce paragraphe n'a donc pas vocation à être un cours sur le traitement des déchets mais a vocation à faire comprendre que nous nous orientons qu'on le veuille ou non vers une société du « zéro déchet ».

Nous n'avons pas le choix pour préserver d'une part nos ressources naturelles et nos paysages d'autre part. Les autorisations préfectorales fournies aux sites d'enfouissement trahissent ce besoin de temps pour trouver des solutions urgentes à la question du stockage à long terme. Les thématiques de réflexions développées par l'institut de l'économie circulaire ne sont pas nouvelles et nécessiteraient un « focus » plus approfondi. MAIS concentrés sur l'immédiateté de nos besoins financiers, il semblerait que nous soyons « sourds » à cet appel au vrai changement.

Au risque de jouer à l'internaute primitif, le nombre très pauvre de « vues » constaté sur les conférences environnement de « sciences po » Paris semble confirmer ce manque d'attrait du grand public pour les questions qui « fâchent ». Il nous faut encore une fois plus communiquer entre nous d'abord puis avec autrui et la communauté nationale et internationale ensuite.

Cessons à ce titre de nous comporter de manière puérile en nous renvoyant la balle. Assumons nos erreurs collectives. Le récent dossier du centre de stockage de résidus de véhicules hors d'usage de Nonant le pin en France, est à ce titre emblématique des oppositions inutiles qui existent trop souvent entre acteurs du monde professionnel du traitement des déchets, et les groupements associatifs de préservation de l'environnement. En effet, le cœur du dossier n'est pas technique mais bel et bien financier et politique.

Quelle société voulons-nous ? Comment voulons-nous régler la problématique de la gestion de la filière automobile, de l'achat à la réutilisation des pièces issues du traitement en fin de vie ? **Est-il encore envisageable de vendre des véhicules de manière illimitée** quand on connaît en fin de filière les problèmes de recyclabilité totale des résidus des V.H.U (véhicules hors d'usage) ? Peut-on produire éternellement des biens de consommations pour tous et notamment des véhicules dans un système disposant de matières premières limitées ? **C'est ce que j'appelle dresser les contours d'une économie du nombre basée sur nos besoins réels en dehors d'un système s'appuyant sur les notions douteuses de rentabilité et de compétitivité.** Voilà la clé de réflexion à adopter pour trouver des solutions sociales et politiques.

Les **mâchefers** (**résidus issus de l'incinération des ordures ménagères**) parlent pour nous à cet égard. A nous, en bout de chaine de récupérer les éléments constituant la gangue de ces mâchefers pour développer des réutilisations déjà existantes, (sous couche routières…) ou inventer d'autres « devenirs ». Mais cette valorisation possible d'un pourcentage assez faible de résidus issus du traitement des déchets ne résout pas sur le long terme les problèmes de stockage et de préservation des sols ; des eaux et des paysages.

Urbanisme risqué

Si le lecteur non averti de ces questions doit retenir une notion clé, il s'agira je le pense de la suivante sous la forme d'une interrogation qui porte en elle la réponse :

Pourquoi continuer à urbaniser dans des secteurs à risques clairement identifiés ? Le raisonnement est applicable aussi bien pour l'aléa inondation que pour celui des mouvements de terrain ou autres (présence d'industries lourdes dangereuses). En effet, chaque type de risque qu'il soit d'origine naturelle (inondation ; mouvements de terrain…) ou d'origine anthropique, ç'est à dire humaine (accident industriel ; pollutions par la dispersion de matières dangereuses…) doit faire, ou fait l'objet d'une localisation. Autrement dit, d'une cartographie précise d'une part, et d'un ensemble de consignes réglementaires pour préserver les personnes et les biens d'autre part.

Le risque d'inondation est en ce sens probablement (avec les risques d'origine climatiques tels que les cyclones) celui qui marque le plus les esprits, et l'actualité récente des évènements dramatiques survenus en région niçoise en Octobre 2015 est là pour l'attester. D'un point de vue pratique, le gestionnaire d'un territoire (le maire en particulier) doit **impérativement geler ou faire geler avec une forte conviction les permis de construire soumis à sa demande dans ces espaces précis**. Cela pourra paraître comme une entrave à la vie « économique » des entreprises pour certains acteurs mais il faut garder en vue l'intérêt de tous, et de la collectivité à long terme. Il est vrai, que le risque d'inondation s'envisage comme la « multiplication » d'un aléa (la crue pouvant être inondante donc le phénomène d'inondation) à une vulnérabilité, ç'est à dire au nombre de personnes et de biens pouvant être impactés. Il va sans dire qu'une zone désertique ou peu habitée sera moins vulnérable. Il s'agit ici de rappeler et d'avoir clairement en tête pour le gestionnaire comme pour le citoyen, l'utilité de refuser des permis de construire dans ces espaces à haut risque, quand bien même le phénomène n'a de chance de survenir qu'avec une possibilité sur 100 dans l'année considérée.

Pour avoir réalisé dans les années 2000 une expertise assez détaillée du patrimoine hydraulique de protection contre les inondations de la commune de Tours en France, **je peux attester de la complexité de la mise en œuvre de plan de secours, surtout quand l'inventaire des moyens techniques et la gestion des personnels ne font pas l'objet d'une culture du risque forte et habituelle**. Il faut à ce titre, autant faire de la communication que de la technique.

Je sais que certains pourront rétorquer que les inondations graves notamment dans le val de Loire sont rares et que les dernières grandes crues inondantes remontent au moins aux années 1910. Donc, que l'on peut faire l'économie de telles mesures. De plus, le régime hydraulique et hydrologique régional non propice à la formation de crues violentes comme en secteur cévenol, (Sud – Est de la France) pourrait nous conforter dans une certaine passivité d'action.

Rien n'est moins faut. C'est d'ailleurs pour cette raison que des communes « responsables » de la région ligérienne comme **Blois en France**, ont depuis des décennies mis en place des **politiques publiques préventives en particulier grâce à la gestion et**

l'optimisation de déversoirs (comme celui de la Bouillie à Blois).

Cet espace appelé à juste titre déversoir, vise à réserver à la Loire un volume important de circulation en cas de passage au-dessus d'une côte critique. L'eau se déverse ainsi sans obstacle ou presque, de manière à s'étaler naturellement dans son lit majeur et reprendre ses droits. Nous avons conscience ici que les sociétés urbaines se sont développées majoritairement à proximité de cours d'eau ; de sources ou de tout autre point d'approvisionnement en eau, et que les **turcies** (**digues de bois et de terre de faible volume**) du moyen âge ont laissé place à de puissantes digues de protection des populations enserrant le val. Cela étant dit, les progrès en géotechnique et géomécanique ne nous permettent pas encore de proposer des ouvrages de type barrage ou digue complètement étanches et ç'est bien là le problème.

Les risques de rupture tenant essentiellement au phénomène de **« renard » hydraulique,** ç'est à dire de trou dans le corps des ouvrages tendant à agrandir progressivement ou assez brutalement des passages préférentiels pour l'eau, causant ainsi un processus inéluctable d'érosion et de destruction. L'actualité dramatique du Brésil confirme **la nécessité de réviser également nos méthodes de construction et d'entretien des barrages. Faire moins grand serait également une voie à privilégier. Une voie de sagesse**…

C'est en outre ce phénomène qui est à l'origine de nombreuses brèches lors des grandes crues des années 1800 dans le val de Loire. Ces brèches ont d'ailleurs servi de base à la cartographie des aléas et à la réglementation des risques d'inondations dans les plans de prévention.

Le problème fondamental à résoudre réside donc, dans la question suivante : quelle densité d'habitants voulons nous pour quel territoire en fonction des ressources naturelles disponibles et des risques présents ? Pouvons-nous continuer à « **densifier** » certaines villes **alors que les consignes du Grenelle de l'environnement et des réglementations en cours nous invitent clairement à diminuer la consommation d'espaces naturels** ? Ne devrions-nous pas appliquer les lois de manière plus stricte ? Que proposez-vous ?

L'écotoxicologie : l'éco quoi ?

Je ne veux pas vous surcharger dans cet ouvrage d'approche globale en sciences « psychiques » et techniques de l'environnement, mais je ne peux pas passer sous silence cet ensemble de connaissances environnementales qu'est l'écotoxicologie. Ce domaine à part entière vise à mesurer et quantifier la présence et les effets, les impacts d'un certain nombre de substances naturelles et artificielles dans, et sur les écosystèmes. Soyons clairs, il est en général totalement méconnu et trop cantonné à une affaire de spécialistes. Que faut – il en retenir ? Si vous devez en retenir une notion essentielle, la voici : **la notion de dose**. En effet, quelle que soit la substance prise en compte, des effets sur la santé humaine ; le métabolisme des plantes ou le fonctionnement physiologique animal peuvent être mesurés et constatés. Certains d'entre eux sont naturels, d'autres non. Un exemple fondamental connu de longue date est l'**allélopathie**. C'est-à-dire la **capacité « universelle » qu'ont les plantes à produire des substances potentiellement toxiques pour leurs voisines**. Ces substances sont produites par les graines ; les feuilles... Lucien Guyot ancien professeur à l'école nationale supérieure agronomique de Grignon nous en donne un large éventail dans différents ouvrages. Ainsi l'avoine abaisse par exemple le développement du coquelicot. En présence de moutarde, le développement de la pomme de terre est diminué également. Je pourrai citer des centaines d'autres exemples.

En tant que forestier régulier, je constate par ailleurs qu'en présence d'un important couvert de feuilles de charme au sol, le développement des ronces est lui aussi limité. Le **relevé de couvert** (**coupe totale du taillis : petits arbres sous les grands issus de souches**) que l'on opère à tort en sylviculture, va d'ailleurs révéler par un fort apport de lumière un déséquilibre « botanique » dans le développement « soudain » de certaines graminées (folle avoine par exemple) et « l'explosion » des ronces la saison suivante. Ceci, avec toutes les conséquences paysagères que l'on connaît. Cela nous prouve que les espèces végétales se livrent elles aussi à une « lutte » silencieuse pour assurer leur survie. Ce sont par la suite les méthodes agronomiques « modernes » qui vont rompre ce fragile équilibre. Nous entrons ici dans les sphères de connaissance de l'**infinitésimal et des doses très faibles** que l'on utilise dans la très sérieuse médecine homéopathique. En effet, une dose faible voire très faible d'une substance dans l'eau pourra avoir un effet sur des micro-organismes ou sur les différents compartiments de l'environnement de manière générale. Peter Vanrolleghem de la chaire de recherche du Canada en modélisation de la qualité de l'eau, nous indique précieusement qu'un morceau de sucre dilué dans un volume d'eau équivalent au stade olympique de Montréal (1 nano gramme par litre) ne disparaitra pas. Il y aura toujours trace dans ce volume de molécules de sucre. Rien ne disparait ; tout se transforme. Souvenez-vous de vos cours du lycée ou du collège. Nous nous approchons ainsi d'autres concepts (énergie ; nature intime de la matière…).

En quittant le giron végétal, nous nous apercevons que l'excès (qui nuit en toutes choses comme l'on dit) de doses de polluants physiques ou chimiques, aboutit à la présence de matières indésirables dans des organismes que nous mangeons. Ainsi, des chercheurs de l'université de Gant en Belgique ont isolé la présence de micro plastiques dans des moules prélevées au Nord de la France. Ces plastiques provenant d'apports issus de résidus s'étant frayés un chemin jusqu'à nos cours d'eau. On voit la part très importante de responsabilité que nous portons maintenant. Nous devons montrer l'exemple.

Plus subtils et pernicieux sont les contaminations des eaux de surface par des résidus médicamenteux (dont la pilule) que nous consommons en France de manière industrielle. Le département de génie des eaux de l'université de Laval (Québec) atteste **de prélèvements de poissons « féminisés », ç'est à dire présentant des cellules de reproduction femelles (ovules) en lieu et place de cellules de reproduction mâles**. Je précise que ce phénomène est connu au moins depuis la fin des années 90.

Certains ouvrages spécialisés et programmes de recherche tiraient déjà la sonnette d'alarme au début des années 2000. Mais le bruit ne parvint pas alors à être amplifié. On voit toutes les difficultés de communication que le scientifique doit affronter pour ramener les politiques publiques dans une réalité minimum.

Ce paragraphe a donc vocation à nous rendre actif et à nous encourager à réduire fortement notre consommation médicamenteuse.

Les pollutions vibratoires (milieu aquatique)

Vous vous êtes surement promenés sur les berges d'un petit ruisseau, d'un grand cours d'eau… A ce titre, vous avez forcément remarqué que nos mouvements, et en particulier le bruit généré par nos pieds sur le sol ont tendance à faire fuir la faune piscicole. Les nuisances apportées à l'environnement aquatique (eaux douces ou eaux marines) peuvent donc être de nature vibratoire. Cette forme de pollution est peu connue pour le monde aquatique mais rejoint les nuisances sonores auxquelles les populations humaines peuvent être soumises (transport ; voisinage ; activités de chantier…). Néanmoins depuis quelques années, l'étude de l'impact des activités marines notamment sur les populations de **cétacés** (probablement dérivé du latin **cetus** pour gros poissons mais qui sont des mammifères sur le plan de la reproduction : baleines…) enrichit nos connaissances des mécanismes liés aux perturbations occasionnées (canons à air des opérations de recherche pétrolières ; navires de marchandises et autres ; sonars militaires). Il est devenu maintenant évident que les trains d'ondes émis à différentes fréquences dans le précieux liquide, interfèrent avec les capacités d'émission et de réception de nos chers cétacés. Il en résulte des échouages et des pertes de repères qui peuvent s'avérer mortelles. Leurs oreilles internes étant de fait très sensibles aux couches sonores que constituent les différentes nappes d'eau de l'océan. Le monde du silence si joliment décrit par Cousteau dans les années 70 n'est plus vraiment silencieux.

Le développement désordonné de nos activités commerciales et militaires utilisant le monde océanique, n'ont eu de cesse que de perturber l'équilibre si fragile et inaudible au commun des mortels de ces gigantesques masses d'eau.

Ces sources « redécouvertes » de pollution et de nuisance vibratoire, confirment la nature essentiellement énergétique et ondulatoire de la matière qui nous caractérise et qui forme le monde vivant qui nous entoure. Ces constats partiels concernant le monde des cétacés rejoignent étrangement les travaux menés depuis quelques décennies maintenant sur les capacités magnétiques et électro sensorielles de l'eau. L'eau aurait en effet, une capacité à se modifier chimiquement en fonction de l'agressivité des milieux qu'elle traverse. Elle pourrait même trouver semble-t-il sa meilleure architecture dans des états d'environnement apaisés et purifiés. Plus impressionnant encore ; l'eau pourrait réagir à des variations d'état émotionnels de nature humaine ! Ceci pour dire que de plus en plus, nous approfondissons nos connaissances scientifiques vers un état de conscience supérieur non cantonné à la matière « pure et dure ».

CHAPITRE 8 : LA MUSIQUE CACHEE DE L'ENVIRONNEMENT

De multiples processus sont à l'œuvre lors de notre sommeil, dans notre corps, ou lorsque nous sommes éveillés pour assurer notre métabolisme. Il en va de même pour les cycles environnementaux qui sont extérieurs. Ils pourraient à eux seuls faire l'objet de plusieurs ouvrages. Ce qui est sûr, ç'est que grâce à ces mouvements et échanges d'énergie « perpétuels », **la matière est capable de se mouvoir et d'assurer son transfert** de proche en proche pour faire vivre nos cellules et celles des organismes qui nous nourrissent : végétaux et animaux. Au-delà de ces principes biochimiques permettant un recyclage global et permanent des énergies à l'œuvre, nombre de mes collègues environnementalistes notent **l'apparition cyclique de motifs et proportions récurrents dans l'architecture du vivant**. Une sorte de plan « parfait » sous-jacent à l'organisation de chaque être vivant est-il envisageable ? Ce plan serait basé sur une mathématique précise. Ceci laisse rêveur et songeur dans un monde figé par les froideurs du matérialisme.

Les processus « discrets »

L'**évapotranspiration** et la **photosynthèse** tout d'abord sont les éléments moteurs de la vie végétale qui permettent d'une part le pompage des minéraux utiles aux plantes dans le sol.

Et d'autre part le captage de dioxyde de carbone, et les merveilleux nuages de brumes du matin au-dessus de nos **canopées**.

Dans le domaine de la vie géologique, tous les processus de **subduction** (**glissement profond de plaques tectoniques**) ; de **glissement** de terrain ; de **fauchage** participent au modelage permanent de la croute terrestre. Ne regardons plus notre planète comme une « boule » figée mais bel et bien comme un être vivant porteur de vie en perpétuel mouvement.

La **bioluminescence**, phénomène aussi beau qu'impressionnant, est notamment généré par une substance appelée luciférine. N'y voyez rien de maléfique puisque le mot luciférine vient du latin (**lux et ferre ; porteur de lumière**). Là encore, en le liant à l'étymologie, il signifie la capacité spontanée dans une certaine mesure de nombreux êtres vivants à créer de la lumière. Ce phénomène aussi silencieux que magique est présent en particulier chez l'espèce **Pyrocistis fusiformis** (**algue marine**). En résulte une poétique et splendide lumière bleue colorant les vagues nocturnes de quelques plages américaines. Ceci pour le plus grand plaisir des yeux.

La **pollinisation** semble elle aussi être aujourd'hui un processus « acquis » et souvent médiatisé de manière trop simpliste, en faisant de l'abeille un animal caricatural seul responsable des phénomènes de fructification des plantes à fleurs. Ici, il faut avant tout se rappeler qu'il n'existe pas une seule catégorie d'insectes pollinisateurs mais plusieurs dont font parties environ un millier de variétés différentes d'abeilles ! Nous sommes bien loin d'une apparente simplicité. **Au contraire, la complexité sous des aspects simples règne en maître.** La complexité cachée sous des traits purs et des coloris attrayants constitue à n'en pas douter la grande force de la vie. Un ballet harmonique de formes et de couleurs pour une vie saine.

Par ailleurs, la transformation ou la **génération « spontanée »** semble exister en botanique comme dans d'autres sous-secteurs d'études environnementaux. Ceci ne plaira peut-être pas à certains collègues rationalistes, mais comment expliquer alors la différenciation des **méristèmes** (**zones biologiques des végétaux permettant leur croissance**) en parties morphologiquement différentes ? Je ne dis pas ici qu'un organisme naît sans ascendance ou qu'il peut être engendré par des éléments inertes (eau ; roche…). Je dis simplement que les phénomènes d'élongation des **téguments** (**tissus**) des végétaux ou la transformation des tiges en bourgeons suppose une modification spectaculaire et « étrange » du programme de croissance. Nul n'est réellement en mesure d'expliquer ces phénomènes aussi majestueux qu'étonnants. C'est comme si, une force invisible modelait cette matière brute pour en faire sous nos yeux un chef d'œuvre de microarchitecture.

La vie « urbaine » apparaît ainsi de plus en plus comme une coupure relative avec un environnement naturel proche du sol, des végétaux et des animaux. A ce titre, peu d'entre nous songent tous les jours au devenir de nos eaux potables allègrement pompées parfois dans des nappes profondes ; consommées au robinet d'un simple geste puis envoyées au réseau d'assainissement pour traitement ultérieur en station d'épuration. Ainsi, nombre d'animaux de type **protozoaires** (**proto** pour premier et **zoaire** pour animaux ; **méta** signifie plusieurs ou plus grand ; plusieurs cellules) ou **métazoaires** assurent dans une invisibilité parfaite le travail épuratoire dont nous avons tant besoin au quotidien. Dans le domaine de l'eau potable il existe aussi d'autres phénomènes précieux à notre espèce pour assurer sa survie sanitaire ou du moins sa sécurisation. L'**adsorption** (et non l'**absorption** !) a cette faculté de capter par électro statisme des particules indésirables. Le charbon actif dont vous avez surement entendu parler en est caractéristique. **Il capte à l'extérieur de sa surface** de nombreux éléments. Voilà pourquoi il est utilisé dans le traitement des eaux potables. Là aussi nous observons des phénomènes de nature électrochimique. Le magnétisme, encore lui.

Les proportions « invisibles »

Au-delà de ces connaissances matérielles observables pour certaines à l'œil nu, il existe d'autres champs d'études plus propices à une réflexion métaphysique. La métaphysique pouvant se définir comme l'étude de ce qui va ou de ce qui existe au-delà de l'aspect physique des choses (**méta signifiant plusieurs ou plus grand**). L'étude historique des sociétés semble révéler de manière chronique un conflit entre des connaissances dîtes scientifiques et des connaissances qualifiées de religieuses ou spirituelles. Ce qui est intéressant à noter, ç'est que la récente élaboration d'une métaphysique environnementale prend sa source principalement sur les mathématiques. En effet, des motifs ou **redondances** (**éléments revenant fréquemment**) dans les formes du vivant, leur architecture, ont conduit de nombreux scientifiques à se poser des questions d'ordre « irrationnel ». Pour faire simple, l'environnement et les éléments qui le composent n'auraient-ils pas une origine calculée, préméditée autrement dit supérieure ou divine ? Ce questionnement surgit en foresterie à propos de l'équilibre dynamique des formations forestières et des arbres en général. Il faut retenir qu'un arbre mal enraciné d'une part et ne disposant pas d'un volume de **houppier** (**partie supérieure de l'arbre**) suffisant pour réaliser sa photosynthèse d'autre part sera déséquilibré. Ç'est à dire, qu'il émettra lors de la mise en lumière de son tronc, si il était à couvert, des branches basses issues de bourgeons **épicormiques** autrement appelés bourgeons **proventifs** (**sous l'écorce**). Ainsi, la morphologie théorique idéale pour un chêne sessile serait de deux tiers de **houppier** (branches et feuilles du sommet de l'arbre) pour un tiers de tronc.

Promenez-vous le long de champs agricoles et dîtes-moi si vous ne remarquez pas quelque chose de spécifique aux arbres isolés en pleine lumière. Il est en effet rare de trouver parmi ces arbres seuls en bordures d'allées ou solitaires en pleine terre, des individus déséquilibrés et possédant de nombreuses petites branches le long du tronc. La plupart du temps, (d'autres facteurs peuvent expliquer l'apparition de micro branches) leurs troncs sont « propres » car leurs houppiers (sommets de l'arbre avec feuilles et branches terminales) sont développés à leurs maximums.

Ils n'ont, pas de plus, de concurrence. C'est-à-dire, de voisins susceptibles de les gêner dans leur développement. La tendance est par contre inversée dans les peuplements forestiers ou les arbres se gênent et se stressent souvent. **Il en résulte que les arbres stressés cherchent à rééquilibrer leur forme en faisant pousser des bourgeons de « secours » pour contrer la concurrence qu'ils subissent**. Les forestiers sont familiers du fait et appellent ce phénomène « descentes de cimes » (nombreuses petites branches inesthétiques le long du tronc). Nous sommes dans une mathématique végétale. A la vue de ces quelques phénomènes vitaux assurant les transferts d'énergie de la terre vers les êtres vivants, et des êtres vivants vers la terre en retour, il nous est maintenant possible d'envisager notre planète comme une formidable entité, vivant elle aussi ses cycles propres pour nous faire exister. La planète a ses codes ; ses langages ; ses subtilités que seul l'esprit calme et silencieux peut commencer à percevoir… Devenons plus calmes.

N'est-ce pas là le plus beau témoignage de fraternité universelle rassemblant les êtres quels qu'ils soient ?

CHAPITRE 9 : REVOLUTIONS ET ENVIRONNEMENT

Le cœur est la clé

Nous devrions nous émouvoir chaque matin de pouvoir respirer ; boire ; manger ; courir. Nous ne sommes peut-être pas assez reconnaissants des bienfaits de notre splendide environnement sur nos êtres. Soyons peut être plus humbles et alors nous pourrons réellement changer ce qui nous entoure. Mais le voulons-nous vraiment ? Il est vrai que la simple possibilité de changer notre mode de vie ; de s'attabler à la table de la contemplation ; de diminuer une once de notre confort fait peur. Mais aurons-nous le choix à long terme ? Il est étrange qu'en regardant quelques films de cinéma j'ai parfois l'impression que la réalité rejoint la fiction, qui semble porter en elle les germes d'une forme de vérité. La plupart des productions cinématographiques de « masse », de films à grand succès ne dépeignent-ils pas grâce à de puissants effets spéciaux **des relations subtiles entre l'humain et l'environnement** ? Rien n'est laissé au hasard. Si nous sommes déçus par le discours souvent négatif et irrespectueux de nombreux médias, alors écoutons plus notre cœur et songeons que cette « pompe » douée d'automatismes n'est peut-être pas douée d'automatismes sans raisons et qu'elle abrite peut être une force tout aussi discrète que puissante.

Si le cœur est la clé d'une nouvelle façon de se voir et de voir le monde, **l'humilité** fait partie aussi de « l'équipement » nécessaire à la personne qui veut réellement avoir un impact positif de changement. Pour se faire, n'oublions pas que nos jours sont comptés et qu'à ce titre, qu'est ce qui nous prouve qu'au bout du chemin nous n'aurons pas à nous justifier de nos actes lors de notre ultime voyage ? J'ai toujours été surpris par cette capacité d'arrogance qu'ont les humains parfois. Se prennent-ils pour des super héros ? Nous ne sommes pas équipés pour. Revenons sur terre et songeons aux limites de nos capacités physiques. Soyons réalistes.

Parlons nous

Je suis moi, dans mes limites, mes qualités et défaut. Cependant chaque fois que je te rencontre, que je vous rencontre, vos visages font échos à mon propre visage. Votre voix fait écho à ma propre voix. La relation à l'autre est fondamentale car elle me renvoie à moi-même. A mon intimité psychologique. **Il faut avouer qu'en ce siècle agité et violent, nous manquons cruellement de communication et d'échanges vrais**. Nous ne prenons pas assez le temps de nous écouter les uns les autres. Lors de la mise en œuvre d'une charte forestière de territoire, j'ai pu constater que le premier obstacle à la mise en place de mesures sérieuses était le manque de communication. C'est systématiquement ce qui ressortait des diagnostics. Pour qu'il y ait un destin commun ; une œuvre commune, il est fondamental que les personnes qui habitent ce territoire apprennent à se connaître. Avez-vous remarqué que ç'était précisément cet acte de communication vers l'autre qui était le plus difficilement applicable au quotidien ? Il semble que nous avons toujours une bonne tendance à discriminer autrui sous des prétextes divers qui relèvent le plus souvent **de la mauvaise foi ou du manque de connaissance de soi même et de son environnement**. Le sentiment de peur pouvant être ici utilisé comme un outil de division entre les mêmes composantes d'une population, alors qu'en définitive cette même population habite et partage les mêmes ressources physiques du territoire. On voit que finalement, la question environnementale recoupe plusieurs autres approches non liées nécessairement aux techniques. **Elle s'appuie sur la connaissance de notre histoire et au-delà de notre nature propre**.

La révolution est silencieuse

Un changement de perspective humaniste se laisse deviner doucement mais surement. La notion de révolution sous-entend une avancée vers des conditions de vie meilleures. **La révolution n'est ni synonyme de terreur ni de violence**. L'espoir ne peut pas rester à l'état d'espoir. Il doit trouver une matérialisation. Les communautés Amish ; pygmées ; ont nécessairement des représentations du monde différentes des nôtres ; des vôtres. Mais elles semblent légitimes. Ainsi, il serait vain de croire que seul le progrès technique peut apporter son lot dans l'amélioration des conditions de vie terrestre. Il faut pour trouver un équilibre entre nombre d'habitants et préservation des ressources,

changer de mode de vie. Dans la durée nous y serons contraints. Ce changement de mode de vie à acquérir progressivement, s'appuie et s'appuiera très probablement en partie sur nos façons de nous alimenter.

Les régimes alimentaires s'affichent de plus en plus comme des moyens de lutter contre les dégradations causées à l'environnement. Chacun y va de son argument et beaucoup de cohérence se dégage d'un certain nombre de positionnements sociologiques. Le **végétarisme** par exemple, assied son développement sur la consommation de produits d'origine végétale sans exclure certains produits d'origine animale (œufs ; laits…). Le **végétalisme**, lui, favorise la consommation exclusive de produits végétaux en « bannissant » tout produit alimentaire d'origine animale. Le **véganisme** tend quant à lui, à bannir toute consommation de produits d'origine animale que ce soit en terme alimentaire ou encore vestimentaire. Le véganisme entend à ce titre favoriser le respect de l'environnement physiologique et psychologique de l'animal. Il replace l'animal dans la sphère de vie en cherchant à l'intégrer au monde sensible. Entre ces trois mouvances existent en réalité de nombreux intermédiaires qui seront fonction du parcours de vie de chacun ; de ses problèmes de santé éventuels ; de ses croyances… Mais souvenons-nous qu'un être vivant doit vivre en toute logique.

Concrètement, les scandales des productions de moutons d'élevage à laine ; du ratio surface de terre nécessaire par kilo de viande produite ; des chaînes d'abatage industrielles ou de la concentration trop importante d'animaux au mètre carré supportent et donnent raison à ces mouvances. Néanmoins, l'envie finale de la consommation de protéines animales reste encore aujourd'hui du ressort de l'individu (chasse). Les choix de chacun ne peuvent être imposés à des populations entières. Encore faudrait-il à ce titre que les recommandations sanitaires et nutritionnelles ne soient pas elles-mêmes contradictoires. N'oublions pas que nous sommes dans un système économique à dominante compétitive en recherche de rentabilité constante. Et dans quel but me direz-vous ? Dans celui de produire des flux monétaires physiques ou virtuels qui pérennisent l'existence de ce système. Dans la pratique, cela signifie qu'entre un pays ou les populations vivent de cueillette et de chasse sans système bancaire, et un pays comme la France ou la totalité de la population civile (à de rares exceptions près) dispose d'un compte bancaire, **la capacité à avoir un discours rationnel sur cette question est faussée de A à Z**.

En effet, les arguments environnementaux ou d'éthique animale ne pourront « jamais » faire le poids par rapport aux nécessités pécuniaires des filières professionnelles à court terme. Je pense personnellement, que ç'est principalement ce qui nous divise aujourd'hui. Nous nous affrontons à grand coups d'arguments pour défendre nos valeurs certes, mais aussi et surtout notre portefeuille et nos préférences gustatives. **Ceci trouble notre perception des processus environnementaux qui nous permettent fondamentalement de nous maintenir en vie**. Mais finalement, n'est-ce pas la remise en cause intime de nos convictions qui nous fait le plus peur ? N'assistons-nous pas à l'émergence de nouvelles discriminations qui tendent à marginaliser les comportements vitalistes ? N'essayons nous pas consciemment ou inconsciemment de culpabiliser ces nouveaux mouvements de leur approche de protection de toute la chaîne du vivant ?

L'apocalypse n'aura pas lieu

Les tentatives négatives d'assimiler la guerre à une obligation sont vaines. En effet, en y prêtant plus d'attention et en analysant profondément nos liens à l'environnement et à notre histoire, nous nous rendons compte que les sociétés, en fait nos sociétés, ne pourront évoluer vers le beau ; l'harmonie qu'en s'asseyant ; en respirant et en regardant le vivant de plus près avec les « lunettes » à balayage électronique du microbiologiste.

Que dis-je ? Sans aller aussi loin, ne nous est-il pas possible de penser à notre chemin situé quelque part entre vie et mort, entre songes éveillés et endormis. D'apprécier la vie juste pour ce qu'elle est, et d'aller vers elle sans peur ; sans à priori et de recevoir la relation à l'autre comme un cadeau divin ? Car cet autre dépend des mêmes matériaux pour sa vie que moi: eau ; air ; sol ; nourritures variées et saines. **Il n'y a pas d'être humain qui soit fondamentalement supérieur à un autre être humain.** Retenons bien ça.

Les mouvances survivalistes et altermondialistes qui s'entremêlent sur la toile évoquent également cette angoisse (parfois légitime) de la survie de l'humain dans un environnement politiquement hostile voire apocalyptique ou décrit comme tel. Néanmoins, pour organiser une politique environnementale non synonyme de chaos, il est essentiel de baser nos actes sur des inventaires de ressources quasi-exhaustifs répertoriant et listant les matériaux utilisables dans l'environnement et la manière de les exploiter et de les partager de **manière équitable**. Complexité et efforts impératifs souhaités.

Les techniques environnementales de demain

Il faut prendre conscience de la nécessité de se retrousser les manches pour former nos enfants et futures générations à une expertise étroite et renouvelée de notre environnement. Les questions qui posent le plus de besoins sont probablement le zéro déchet (qui est possible) ; la gestion à long terme des déchets nucléaires, ou encore la maîtrise du développement des outils informatiques et électroniques de haut niveau. Sur ce dernier volet, il faut s'attendre à des révolutions majeures, tant dans le domaine des transports que dans le domaine de l'accès aux informations digitales et numériques. Cela ne doit pas occulter le très fort besoin de métiers à dominante environnementale de terrain pour maîtriser et gérer le cycle de vie de tous ces nouveaux matériels et produits rendus accessibles en « illimité ». La production de masse, a comme effet négatif sur l'environnement qu'elle génère de multiples sous déchets ou **micro déchets** dont on ne sait que faire, ou plutôt que l'on a pas le temps de traiter dans les conditions financières actuelles. **Cela ne doit à aucun moment occulter les besoins miniers de base qui eux reposent sur des matériaux physiquement limités en quantité**. Ce raisonnement spécifique aux substances minérales (uranium ; nickel ; fer ; phosphates…) doit systématiquement nous faire comprendre que le modèle de la croissance économique traditionnel n'est pas « éternel ». En effet nous devons dès à présent compter sur des matériaux limités en volume pour perpétuer « **éternellement** » un modèle économique vertueux.

Une fois encore, la notion d'inventaire est essentielle ainsi que le concept de miniaturisation. En effet, nous observons depuis plusieurs décennies une course effrénée pour réduire d'une part le volume des machines-outils et utiles (ordinateurs ; turbines hydrauliques…) et la consommation énergétique de ces mêmes appareils d'autre part. On essaie dans des systèmes essentiellement urbains et industriels de grande envergure de récupérer chaleur ; pression ; calories et toute partie d'énergie susceptible de se perdre sur les chaînes de production ; dans les serveurs informatiques ; les groupes de réfrigération... Ç'est véritablement une traque énergétique qui s'est mise en œuvre dans nos école d'ingénieurs. Les formations ciblées sur l'énergétique et la thermique des bâtiments prennent une ampleur incontestable.

J'insiste sur le fait de dire que si les techniques environnementales de demain (production d'électricité à partir des routes ; circuits fermés pour le recyclage des déchets ; généralisation des drones pour des mesures de terrain…) sont toutes plus ou moins séduisantes, il n'en demeure pas moins important de voir que **nous pouvons toujours sans systèmes complexes et énergivores accomplir énormément de tâches techniques**.

Manuellement, il est possible d'établir des cartes sans ordinateurs par une connaissance fine du terrain ; construire et fabriquer tout ou partie d'habitats de type passif (énergétiquement parlant) ; cultiver, produire et stocker l'alimentation dont nous avons besoin en révisant nos modalités d'occupation de l'espace rural et nos méthodes agricoles ; en redistribuant la terre…

CHAPITRE 10 : CHERCHEZ LE MEILLEUR ; AGISSEZ

Transcendez-vous ; pratiquez le meilleur

Il est temps de comprendre que l'environnement de vie qui est le nôtre n'est pas simplement fait d'éléments matériels. Nous sommes des êtres sensibles, et à ce titre tout ce qui nous touche de près dans notre environnement familial ; psychique ; métaphysique (ce que l'on ne peut comprendre à un moment donné) construit et constitue notre environnement. L'accession à d'autres capacités **cognitives** (**capacités à connaître**) passe impérativement par notre faculté à accepter ce qui nous entoure comme un tout nécessaire à notre éducation. C'est la raison pour laquelle nombre de civilisations (gauloise ; celte ; romaine ; amérindienne ; égyptienne…) font historiquement la part belle à l'idée d'**initiation à la vi**e ; **à l'environnement et aux « mondes invisibles »**. Ce concept n'est à la base en aucun cas maléfique, et vise au contraire à permettre à l'humain de se réaliser pleinement pour **être en paix en lui-même, avec autrui et l'environnement**.

Tout est lié. Ne cherchons donc pas un trésor ailleurs qu'en nous même, même si ce trésor est certainement d'origine métaphysique (ce qui dépasse le physique) donc spirituelle. En ce sens, l'idée de Dieu et l'approche des religions n'est pas à écarter bien au contraire. Le monde matérialiste qui nous est proposé aujourd'hui nous montre ces **limites violentes**.

Il semble que nous ne soyons pas capables dans ce système de trouver réponse aux questions majeures qui se posent à nous : bien – être ; sécurité collective ; éducation civique ; partage des biens matériels ; environnement… Si nous ne sommes pas dans la possibilité de le faire, ç'est que nous nous concentrons sur des questions ou des paramètres qui ne nous permettront jamais de trouver les réponses essentielles à nos problèmes existentiels. D'ailleurs, il est « curieux » de constater dans une certaine mesure, que les spiritualités anciennes possèdent à priori des réponses profondes aux errements catastrophiques d'une humanité fatiguée des guerres et conflits en tous genres. Notre capacité à choisir le « mal » pour préserver nos intérêts particuliers au lieu de songer à rendre à nos ancêtres le respect et l'amour qu'ils méritent explique certainement en grande partie les problèmes auxquels nous avons à faire face actuellement.

Transcendons-nous. C'est-à-dire, ayons cette capacité à analyser ce qui nous entoure plutôt que juger rapidement sans réfléchir et dans la passion. **Utilisons tous nos sens pour sentir l'utilité que nous avons à la surface de cette merveilleuse sphère céleste qu'est notre planète, et songeons à ce titre que tout être vivant a une place et une fonction dans cet univers**. Cela vaut pour les bactéries en passant par les plantes ; les mollusques ; les arthropodes et même le pire de vos ennemis. **Car lui aussi existe probablement pour une raison**…

Qu'on ne me fasse pas dire ce que je n'ai pas dit en ces temps troublés et obscurcis par le voile lourd et indigeste du terrorisme international. J'entends par utilité de tout être vivant (même le plus agressif apparemment) la capacité qu'à cet être violent et « inutile » à provoquer chez nous colère ; rancœur et donc changement de comportement. Mais cette colère, voire cette haine produit d'un changement brutal de notre environnement affectif ; social ou familial **ne doit pas nous faire choisir la violence aveugle à notre tour au risque de sombrer dans ce que nous ne voulons pas devenir**. A savoir, une menace pour nous même et donc pour les autres. Il faut, comme je le dis souvent faire du **cas par cas** et ne jamais céder aux amalgames.

Si le monde et les sociétés qui nous entourent semblent plus choisir la course aux richesses matérielles en s'appuyant sur une compétition acharnée entre les êtres vivants, ç'est que le culte de la peur et de la méfiance est devenu une religion d'état, et ç'est là où le danger d'une guerre contre nous même se niche… **Tuer des êtres vivants quand on y songe profondément n'a aucun sens puisqu'ils vivent**. Alors pourquoi mettre un terme violemment et artificiellement à cette somptueuse expérience initiatique ?

Transcendons nous en conséquence pour arrêter cette spirale de violence mondiale qui assombrit aussi bien les hommes et les femmes que notre environnement. **Nos enfants sont nos graines**. Donnons leur lumière et eau pour leur permettre de croître en toute sécurité. Apprenons-leur l'histoire et le respect. Pour cela, de grands changements sont à initier dès maintenant et durablement. C'est en ce sens que, pour faire échos à un internaute « gamer » (joueur de jeux vidéo) qui soulevait la nécessité d'arrêter de faire l'apologie des actes violents, je suis intimement persuadé que l'endiguement de toute forme de violence permettra de retrouver dans notre espace de vie international **paix, harmonie et préservation des espèces**. Tout est lié une fois encore. Pour se faire, il est impératif d'avoir d'une part des **gouvernements purs (sains de corps et d'esprit)** et des politiques publiques strictement orientées vers la préservation de la vie (toute forme de vie) ; **le respect du corps et de l'esprit** et donc la protection nécessaire de notre environnement (eaux ; sols ; flore ; faune ; sous-sols…). Je sais ce que vous allez me dire : ç'est pas demain la veille. Et moi de vous répondre : si, ce le sera si vous vous transcendez et que vous exploitez toutes vos qualités humaines à leurs meilleurs. Cessons d'être négatifs par peur ou par confort personnel. Soyons ce que nous devons être réellement : des êtres doués de capacités sensibles très développées en mission (au sens étymologique) pour la promotion de la beauté et de la vie.

La marche un autre espace-temps

Ce que je préconise ici je me l'applique déjà. En effet, ceux qui me connaissent savent que je suis un gros utilisateur de mes jambes, et que je suis capable d'aller voir de la famille à Blois en vélo depuis Tours en France. **Tout point A est accessible depuis un point B et vice-versa par des moyens légers en dehors d'une motorisation**. Il ne s'agit pas ici de dire que l'on souhaite supprimer le principe du moteur à explosion, mais simplement de tenter de s'organiser différemment dès que cela est possible.

Dans les petites villes de province française, je pense qu'il est souvent aisé de laisser l'automobile au garage pour préférer la marche ou le vélo quand on dispose du temps nécessaire. Les distances sont faibles et les espaces ouverts et peu denses. Bien sûr, lorsque l'on est pressé (je le suis moi-même souvent) l'automobile reste le moyen privilégié de se déplacer et d'aller là où l'on veut aller sans dépendre d'un système de transport collectif. Il est illusoire en tous les cas dans les petites agglomérations, de développer des systèmes de transport lourds comme les tramways fer par exemple. Sur cette question de la généralisation des tramways dans les petites villes en France, n'envoyons pas la balle en touche, et admettons que les systèmes de type bus actuels peuvent assurer le transport des personnes. Le tramway fer illusoirement présenté comme plus écologique, (encore une diversion des mots) n'a aucun sens dans des tissus urbains petits et non adaptés (Tours en France en est un exemple frappant). Par ailleurs, le nombre de personnes transportées étant objectivement faible à moyennement faible, il convient d'améliorer les systèmes existants sans dépenser des sommes colossales dans de nouveaux équipements. J'entends en France par petites agglomérations, toutes les communes urbaines ou les espaces ruraux et naturels sont accessibles directement à pieds ou à vélo en quelques minutes (exemples : Tours ; Angers ; Poitiers ; Pau ; Angoulême ; Rouen…). Des communes urbaines d'un rang supérieur comme Marseille ou Lyon possèdent en dépit des apparences de nombreux espaces naturels accessibles assez rapidement, même si les espaces bâtis sont bien sur beaucoup plus étendus et denses que dans des communes comme Châteauroux ou Annecy. Néanmoins, une appropriation différente de ces territoires est possible en dehors des modes lourds (métro ; RER ; tramways) de transports habituels. **Ceci suppose parallèlement une autre organisation matérielle et financière du travail** dans laquelle nous ne sommes pas encore. Une réflexion en outre plus approfondie sur **la gratuité des transports** en commun, (Châteauroux ; Tallin…) doit être menée au moins pour inciter plus de personnes à emprunter ces derniers et assurer plus de fluidité. Réorganiser une fiscalité « transports » est possible et souhaitable pour créer plus de « liberté » dans le mouvement des personnes. Ne pait-on pas déjà de forts impôts locaux ?

L'ouverture de nouvelles pistes et routes empruntant les tracés romains et/ou antiques et médiévaux est très intéressante également. Ce concept pourrait permettre d'alimenter une autre science de l'urbanisme qui utiliserait de manière rationnelle l'espace rural et urbain à disposition. **Une nouvelle science du territoire qui mettrait en exploitation un nouveau type de transport totalement « propre ».** Attention, car une fois encore, la gestion de nos déchets ultimes (vous vous souvenez : ceux qu'on incinère et enfouit sans savoir quoi en faire) va revenir au centre de nos préoccupations environnementales. Un nouveau baromètre à prendre très au sérieux. **Une sorte de juge de paix indésirable mais au combien nécessaire.**

Exploiter nos ressources locales

Nous parlions notamment de cueillette dans le chapitre consacré à l'histoire forestière. Il m'a été facile de constater le potentiel important d'exploitation organisée par le mode cueillette de baies ; racines dans notre environnement proche. Ceci va de pair avec des politiques d'aménagement des espaces valorisant d'abord les espaces ruraux, et **maîtrisant fortement les espaces urbains** générant qu'on le veuille ou non des nuisances fortes. Les éco-quartiers ne doivent pas à ce titre devenir le prétexte à urbaniser sans changer de **méthode urbaine**. A quoi bon construire un quartier de ce type si ç'est pour le raccorder intégralement au réseau d'assainissement collectif, ou lui faire produire les mêmes quantités de déchets ménagers que dans des quartiers conventionnels ?

Pour en revenir à nos produits locaux, il est aisé de remarquer que certains produits de consommation courante (farines) peuvent trouver assez aisément une production locale diversifiée. Je citerai encore le fruit du châtaignier, (châtaigne) qui est dans nos contrées du centre ouest de la France malheureusement sous exploité, malgré la présence de nombreux peuplements forestiers de qualité et accessibles. Là encore, le **manque de motivation** de certains propriétaires fonciers et des pouvoirs publics empêchent et retardent la mise en œuvre du renouveau de ce type de filière.

Un autre mode d'occupation de l'espace terrestre

Il est vrai que le temps politique se veut encore trop déconnecté des réalités simples vécues par les populations. **L'identité rurale d'un territoire doit de plus, être valorisée et non être honteuse**. Il est curieux de voir en France de petites villes (que certains appellent moyennes pour faire mieux) courir après un statut de métropole urbaine. Le syndrome de la grenouille souhaitant devenir bœuf sans doute. La ruralité de certains « urbains » est ainsi souvent perçue comme une tare ; un défaut ; ou pire comme un signe de « retard de développement ». Mais l'intérêt de tous est ici de profiter d'une mise à disposition de ressources essentielles locales (eau ; formes d'énergies ; circuits courts de recyclage et de traitement des déchets…) et de la possibilité d'accéder à une activité professionnelle **sans devoir parcourir des centaines voire des milliers de kilomètres à l'année**. En matière d'aménagement du territoire, de nouvelles zones d'habitat et/ou centres commerciaux semblent à ce titre non souhaitables à moins d'**urgence**. Cela suppose probablement le **gel de toute nouvelle forme d'urbanisation** qui ne tend pas à un besoin vital. Chose difficilement observable encore aujourd'hui dans les plans locaux d'urbanisme (ou plans d'occupation des sols pour l'ancienne version). Un permis de construire ne peut pas être alloué sans réflexion approfondie en 2015. Ces politiques ne sont plus rationnelles.

Peut-être nous faudra-t-il préférer en outre, des systèmes « propres » tel que l'assainissement autonome voire une généralisation plus forte des **systèmes d'assainissement par voie sèche**, afin de ne pas augmenter la quantité d'effluents (y compris les matières de vidange des systèmes d'assainissement autonomes) à traiter en station d'épuration collective. La partie « déchets » des politiques à venir va devoir sensibiliser les populations de manière saine sans esprit partisan.

Une politique saine de corps et d'esprit

Agir est mieux que dire n'est-ce pas ? Et ç'est ce qui manque beaucoup à l'heure actuelle : de l'action. En réalité, la plus complexe des politiques environnementales reste à mettre en œuvre car celle-ci devra se tenir dans des instances ou groupements réunissant des personnes qui ont goût à la science ç'est à dire à l'observation sincère. Elle devra prendre appui sur des relais de terrains actifs et une vraie police de l'environnement à créer. Comme j'ai pu l'évoquer précédemment, une véritable politique environnementale ne pourra prendre effet qu'en faisant **la synthèse des connaissances traditionnelles et modernes afin de tirer l'humanité vers le haut**. Cela implique une impartialité à toute épreuve ; une neutralité d'action qui ira dans le sens unique de l'intérêt collectif et non d'intérêts singuliers ou « privés ». En fait, tout ce qui n'a pu être mis en œuvre jusqu'à présent. **Cette politique doit se faire l'écho des besoins des êtres humains**. Elle doit également intégrer les dimensions métaphysiques et les enseignements tirés des religions en la matière pour trouver un **point d'équilibre entre matériel, culturel et spirituel**. Cette tendance est très importante pour octroyer au monde vivant une vraie valeur symbolique. L'idée d'un environnement assaini passe en ce sens par une promotion conséquente de l'idée que **la vie est de manière fondamentale supérieure au concept de l'enrichissement matériel et financier**. Je pense qu'ici la posture à tenir pour bien mettre en relief la substance de mon ouvrage est le concept de **passage**. Nous sommes de passage, en équilibre entre une naissance dont nous ne gardons pas réellement physiquement le souvenir, et une mort physique à laquelle nous ne voulons pas réellement penser. Et pour cause. Elle signifie de fait la fin de nos « jouissances » terrestres et l'au revoir à nos proches, chose inacceptable d'un point de vue basique, car nos bonheurs ; nos joies, nous les voulons éternels. **Ceci nous amène-t-il à croire que la mort pose une fin définitive à toute forme de vie** ? Il est ici un autre sujet qui n'est pas l'objet de cet ouvrage. Cependant pour valoriser cette idée de **passage**, il faut envisager notre existence comme un moyen **d'emprunter** les éléments matériels crées pour satisfaire nos besoins certes, mais surtout comme un moyen de les emprunter sans les détruire afin que notre descendance (enfants) puisse les emprunter à nouveau pour en bénéficier dans la beauté et la vie. A partir de cette vision qui replace le fait politique dans sa base essentielle, il est possible de s'apaiser soi-même dans sa vision personnelle du monde et donc dans les actes à poser pour préserver les beautés dont on profite quotidiennement. C'est alors qu'on étend ses capacités psychiques et qu'on devient plus sereins…

CHAPITRE 11 : BIOGRAPHIE : DE L'AGITATION AU CALME

Elevé entre la douceur berrichonne et la placidité tourangelle je suis issu de ce qu'on peut appeler une culture mixte. Ayant grandi en partie dans un petit quartier populaire de la commune de Tours, et au cœur des territoires des étangs de Brenne dans la très vaste commune de Vendoeuvres dans l'Indre en France, j'ai modelé mon identité en étant entouré de visages et de personnes d'origines très variées. Avec mon groupe d'amis de l'époque (dans les 80 et 90) nous ne pouvions être plus ouverts d'esprits. Et nous aimions remettre en cause les dysfonctionnements sociaux que nous pouvions observer au travers des médias. Et l'ouverture d'esprit ne signifiant pas forcément d'accepter en bloc tout ce que peut proposer la « société », j'ai développé progressivement et tardivement un rejet puissant de tout ce qui me paraissait contraire à cet **idéal de justice et d'humanité** qui s'était construit petit à petit dans ce petit laboratoire « social » qu'était mon groupe d'amis (Pierre ; Frédéric…).

Les problèmes familiaux « aidant », et mes études augmentant de niveau, je commençais il y a plus de 10 ans de cela maintenant, à m'accrocher à n'importe quel wagon militant pour avoir le sentiment d'entrer de plain-pied dans ce changement social que je souhaitais et attendais tant. De Greenpeace en passant par des groupes de revendication afrocentristes ou des défenseurs de la cause de nos chères têtes blondes ou des enfants palestiniens, je voulais être de tous les combats. Mon ardeur était sans fin en cette période.

Je proposais même de l'aide individuelle à des contacts rencontrés sur Internet dans le domaine agricole ou associatif. Je pense que mon envie et ma soif de justice d'alors étaient tout à fait légitimes mais **désordonnées** ; **dispersées** pour ne pas dire **chaotiques**. Avec le recul des années, ç'était je le pense aujourd'hui, le début de mon **parcours initiatique sur terre**. Je me dispersais et « gueulais » contre tout en remettant systématiquement la faute des problèmes que je rencontrais sur le dos des autres ; des lobbies (l'industrie ; les multinationales ; les pollueurs ç'est à dire jamais moi ; les sectes...) sans jamais être capable de balayer devant ma porte dans un premier temps.

J'étais alors enfermé dans cette bulle « internet » ; je blogguais à tout va ; les échanges fusaient avec mes ou nos détracteurs ; les insultes aussi ; les mots gras et vulgaires et les problèmes juridiques arrivèrent naturellement derrière. J'ai conscience d'avoir pu choquer des personnes. Mais ce n'était pas là mon intention première. Je n'ai jamais fait de mal à une mouche malgré ma langue acerbe et « aiguisée » de l'époque. La cible était toujours la même : les politiques ; les élus ; les banques ; la justice ; mais nous en tant qu'êtres humains que faisions nous à notre modeste échelle **pour nous changer de l'intérieur et transmettre un brin de lumière à nos proches** ? Apparemment pas grand-chose. Les outrages et les problèmes légaux devenant à ce moment-là habituels, je m'épuisais dans ce combat, alors que je ne cherchais à la base qu'**une meilleure compréhension du monde qui m'entourait** en voulant peut être naïvement voir émerger un monde de paix et d'harmonie.

A ma décharge, je dirai que **l'homme** que je suis aujourd'hui en 2015 **n'était pas encore constitué,** et j'ai progressivement chassé les idées de changement auxquelles j'ai pu adhérer pendant une courte période entre 2004 et 2008. Tous les concepts ou idées politiques sont passés par ma tête à cette époque : protectionnisme ; socialisme ; nationalisme ; antimondialiste ; communautarisme… Je les ai testés pour vous certains diraient. Cette étape de ma vie personnelle se voulait être en réalité **l'expression de ma recherche ; de ma quête personnelle ; de mon identité culturelle** ; de mes racines et d'une envie profonde de fraterniser avec mes semblables sans distinction d'origine ou de « clan ». Je ne dis pas qu'il ne faut pas lutter d'une manière ou d'une autre pour obtenir ce que l'on souhaite dans la vie et notamment préserver notre environnement, mais rien ne semble pouvoir remplacer pendant ce merveilleux voyage qu'est l'existence, **la force infinie de la bonté ; du partage et de l'acceptation de notre identité propre pour comprendre enfin que notre environnement est sacré, et commence par ce que notre cœur, organe lumineux peut ressentir**. Voilà donc mon économie ou écologie personnelle en ces temps de remise en cause du projet de civilisation : m'élever moi-même pour mieux communiquer et partager avec vous en construisant un présent beaucoup plus radieux. Je ne veux plus voir mes enfants souffrir. Je ne veux plus voir couler les larmes et le sang sur leurs joues douces, roses ou marron. A la place du feu et de l'égo écoutons la douce musique du cœur et de l'eau…

BIBLIOGRAPHIE

Mes écrits puisent leur inspiration dans de multiples sources écrites ; orales ; photographiques ; documentaires… Je préfère toujours établir une banque de données qualitative. La quantité est secondaire. La quantité vous sert surtout à comparer les sources entre elles et à enrichir votre vision. Ma bibliographie est donc forcément globale et non exhaustive. Mais il y a déjà fort à faire en assimilant les données ici présentes. L'intuition est aussi une ressource mais au contraire des autres, elle est immatérielle. Je n'ai pas mentionné les très nombreux sites internet consultés (vous pouvez me les demander via mon site : www.coeurdeau.com), considérant que certains livres sont moins accessibles et qu'à ce titre ils méritent plus « d'attention ».

Livres d'étude des animaux ; cynégétique et chasse

Bernard Daniel ; 1981. L'homme et le loup. Berger-Levrault. Paris.

Bord Lucien-Jean et Mugg Jean-Pierre ; 2004. Dictionnaire de cynégétique. Editions du gerfaut.

Collignon Jean ; 1991. Ecologie et biologie marines-introduction à l'halieutique. Masson. Paris.

Védry Bernard ; 1996. Les biomasses épuratrices. Editions agence de l'eau Seine Normandie.

Vidron François ; 1953. La chasse à courre. Que sais-je ? Presses universitaires de France.

Pouvreau André ; 2004. Les insectes pollinisateurs. Delachaux et Niestlé. Paris.

Livres de botanique – étude du bois - forêts

Ballu Jean Marie ; 2008. Bois de marine, les bateaux naissent en forêt. La compagnie des éditions de la Lesse.

Bibliothèque scientifique ; 2001. De la graine à la plante. Belin – Pour la science. Paris.

Carles Jules ; 1959. La nutrition de la plante. Que sais-je ? Presses universitaires de France. Paris.

Courrau René et Hubert Michel ; 1998. Elagage et tailles de formation des arbres forestiers. 2ème édition. Edition institut pour le développement forestier.

Deffontaines Pierre ; 1933. L'homme et la forêt. 18ème édition. Gallimard.

Livres d'étude des déchets

Damien Alain ; 2009. Guide du traitement des déchets. 5ème édition. Dunod. Paris.

Livres d'hydrologie et urbanisme

Collection « mobilité spatiale » ; 2000. Les régions françaises face aux extrêmes hydrologiques ; gestion des excès et de la pénurie. Sedes.

Livres d'étude des paysages

Lizet Bernadette et De Ravignan François ; 1987. Comprendre un paysage-guide pratique de recherche. Institut national de la recherche agronomique. Paris.

Livres d'étymologie – étude des mots

Bouffartigue Jean et Delrieu Anne – Marie ; 2008. Trésors des racines grecques. Belin. Paris.

Bonnamy Yvonne et Sadek Ashraf ; 2010. Dictionnaire des hiéroglyphes. Actes sud. Arles.

Couplan François ; 2006. Dictionnaire étymologique de botanique. Delachaux et Niestlé. Paris.

Livres de géologie

Foucault Alain et Raoult Jean François ; 2000. Dictionnaire de géologie. 5ème édition. Dunod. Paris.

REMERCIEMENTS

A cette force unique d'un « autre monde » que je sens en moi et qui m'est transmise par les éléments naturels. Aux éléments énergétiques premiers. A mes ancêtres qui ont l'âge du paysage et des plus vieux édifices du monde et des étoiles. A ma mère Marguerite, si forte et si fidèle à ses valeurs. A mes grands-parents Solange et Paul qui m'ont transmis l'amour de la terre ocre et franche en silence. A mon père Félix que je redécouvre 38 ans plus tard. A ma fille Olivia ; ma chair ; mon cœur ; le prolongement de mon corps et de mon âme. A mes frères lumineux et si doux : Jean Charles et Bruno (jamais deux sans trois). Des hommes, des vrais, rares et puissants. A ceux qui sont partis (temporairement) et que j'ai dans mon être (Claudine, ton sourire est éternel ; tes enfants sont purs comme toi). A ceux qui m'ont permis de vous parler par ce média électronique incroyable quoi qu'on en dise. A la justice et à la bonté, véritables lumières du cœur du monde…. PAIX.

Affoyon – Goetz William. Ne me jugez pas quoi que vous pensiez mais contactez moi plutôt pour échanger dans la réalité de la vie. Sincèrement. www.coeurdeau.com

Dépôt legal: janvier 2016

www.ingramcontent.com/pod-product-compliance
Lightning Source LLC
Chambersburg PA
CBHW022115280326
41933CB00007B/395